徳元佳代子の

やさしい やさい

おきなわプランター栽培

目次

春やさい

夏やさい

秋やさい

冬やさい

凡例

本書は琉球新報副読誌『うない』2011 年 5-6 月号～2016 年 11-12 月号掲載を春・夏・秋・冬に分類してまとめたものです。

商品パッケージデザインは収録掲載当時のものです。

ミニトマト

赤糖房
(品種名:キャロルセブン)

真っ赤なミニトマトがいくつも房についたまま売っています。完熟がウリのあま〜い品種。

イエローアイコ
(品種名:アイコ)

細長い形でおなじみ「アイコ」の黄色バージョン。さくさくとした肉厚の歯ごたえが魅力。

王様のミニトマト
(品種名:小鈴)

品種名は「小鈴」ですが、産地で大ぶりのサイズを厳選しているため食べ応え充分です。

麗(れい)ミニトマト
(品種名:小鈴)

「王様のミニトマト」と同じ品種ですが、小さいサイズをチョイス。お弁当にどうぞ。

オレンジミニトマト
(品種名:ピッコラカナリア)

なかなか手に入らないオレンジバージョンのミニトマト。サラダの彩りに重宝します。

アメーラルビンズ
(桃太郎ヨークの品種改良)

プチプチとした食感が特徴。とても小さくて細長い形をしています。

ミニトマト栽培カレンダー　　栽培適温 15℃～20℃

1月　2月　3月　4月　5月　6月　7月　8月　9月　10月　11月　12月

4月～5月：苗植え
7月～11月：収穫

色もカタチもよりどりみどり

商品化されているミニトマトには、さまざまな色や形があります。
赤や黄色やオレンジだけでなく、緑や紫、黒、しま模様まであるんだとか!

ミニトマトの大きさ比較

1.オレンジミニトマト　2.イエローアイコ　3.アメーラルビンズ
4.麗ミニトマト　5.赤糖房　6.王様のミニトマト

あかなすという和名の通り、トマトもミニトマトもナスの仲間。南米アンデス山脈の高地が原産地です。16世紀にメキシコからヨーロッパに伝わったのですが、その用途は何と「観賞用」。トマトの鮮やかな赤さを、人は長いこと毒だと思っていたのです。1820年、米国ニュージャージー州で勇敢な軍人がトマトを食べてみせたところ、2千人の観衆は悲鳴を上げ、失神する女性もいたんだとか。

準備するもの

❶

❷

❸

❹

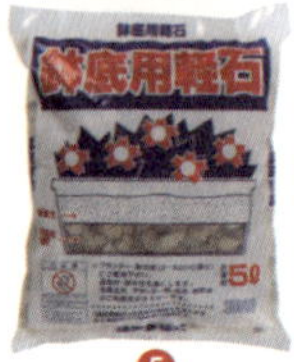

❺

❶ ミニトマトの苗2本(画像は黄と赤の実がつく苗)
❷ プランター(深さ30cm×幅80cm程度のもの)
❸ 家庭用培養土(酸度調整済みのもの)
❹ 粒状の化成肥料(N:P:K=8:8:8)
❺ 鉢底石
❻ 支柱2本(1m50cmのもの)

❻

1 植え付け

化成肥料を大さじ1杯半ほど加えた培養土に、双葉が隠れないように土をかぶせる。たっぷり水をやり、日当たりのいい場所に置く。

2 支柱立て・誘引

根を傷めないように、根元から少し離れたところに支柱を立てる。ヒモを8の字にかけてゆるく結ぶ。

3 わき芽かき・受粉・追肥

晴れた日に、茎と葉の間から出てくる「わき芽」を摘み取る。花が咲いたら軽くゆすって受粉させる。3週間に1度追肥。

4 摘芯・収穫

支柱の高さになったら、一番上の花の上の葉を2〜3枚残し先端を摘み取る（摘芯）。実が赤くなったら収穫。

毒だと思われていたトマトの赤は、リコピンという色素。抗酸化力の高い成分として広く知られています。リコピンは熟したトマトほど多く含まれ、加熱すると吸収率が3倍になるというデータもあります。

そのほかビタミンA・C・E・B群や食物繊維も豊富で、カリウムなどのミネラルも含有。「トマトが赤くなると医者が青くなる」といわれるほど栄養価が高く、そのバランスも良いため、脂質や糖質が多くなりがちな現代人にオススメの野菜です。

生食はもちろん、今やスパゲティーやピザなどでもおなじみのトマト。たった200年でこれほど評価の変わった野菜も珍しいですね。色によっても栄養成分が違いますので、さまざまな種類を育ててみるのも楽しいですよ。

根が定着してから水やりを控えめにすると、甘みが増し、裂果も防げます。雨が多い時、実付きが悪い時は「トマトトーン」（植物ホルモン剤）を散布すると大きな実がなりますよ。

ミニトマトの黒ごま和え

ふつうのミニトマトがまるで
フルーツトマトみたいに甘～く変身！
ピリ辛仕立てにすれば
酒の肴にもピッタリ。
カンタン・ヘルシーなひと品です。

作り方

1. ミニトマトとカイワレ大根は半分に切る（写真A）。
2. 黒ごまは香りが立つ程度に擂《す》る（写真B）。

A

B

3. ボウルで調味料を合わせる（写真C）。
4. 食べる直前にミニトマトと和える（写真D）。
5. 皿にカイワレ大根を敷き、盛りつけて出来上がり（写真E）。

C

D

E

●調理のワンポイントアドバイス！
きび砂糖がない場合は、白砂糖やはちみつでもOK！
ワサビを適量加えると、大人向けの味に♪

材料（2人分）

- ミニトマト（あれば2～3色）…10個
- カイワレ大根…適宜

＊調味料
しょうゆ…小さじ2
きび砂糖…小さじ2
黒ごま…小さじ1

カラフルでキュートなミニトマトはプランター園芸の人気者。苗の植え付けから2カ月くらいでたわわな実が収穫できます。

行楽のお弁当に間にあうように、今から育ててみませんか？

ナス

煮ても焼いても炒めてもおいしいナスはさまざまなメニューにひっぱりだこ。
今から植えておけば、夏までみずみずしいナスを使った料理がたっぷり楽しめますよ。

ナス栽培カレンダー　　栽培適温 22℃～30℃

1月　2月　3月　4月　5月　6月　7月　8月　9月　10月　11月　12月

植えつけ（3月～6月）

収穫（5月～9月）

今からはじめる ナスとのお付き合い

春から秋にかけて収穫できるナスは、これから植えるのにピッタリの野菜。自分で育てたナスならきっとおいしさもひとしおです。

今回料理で使用した「式部ナス」はつやっとした肌とずんぐりした体つきが特長で、皮がやわらかく味もよい優良ナス。アクも少ないのでサラダにしてもおいしく食べられます。

しもぶくれの形と深いむらさき色がカワイイね

準備するもの

①

②

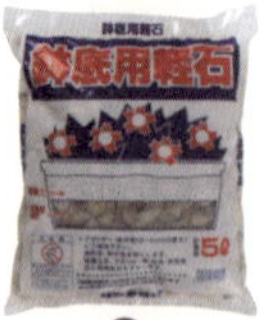

③

④

⑤

⑥

⑦

① ナスの苗…2本
② プランター
（幅70cm×奥行50cm×高さ40cm程度のもの）
③ 鉢底石
④ プランター培養土（14ℓ程度）
⑤ 粒状化成肥料
（N：P：K＝6：9：6）
⑥ 園芸支柱（1.2m）…2本
⑦ アルミホイル

紫のきれいな花を咲かせるナスは、熱帯インド原産のナス科の多年草（栽培上は一年草）。日本には奈良時代に、奈須比（なすび）として伝わりました。中国の古書「本草綱目（ほんぞうこうもく）」には、「多食すれば必ず腹痛下痢し、婦人は能（よ）く子宮を痛める」という記述があります。これはナスのアクが非常に強かったことから、婦人に対して特に多食をいましめたものと言われています。

1 植えつけ

化成肥料を大さじ2杯ほど加えた配合土に、一番花が咲いた苗を植えつける。水をたっぷりとやり、日当たりの良い場所に置く。

2 整枝

最初の花が咲いたら、一番花の上下のわき芽のみ伸ばし、他は葉とともに全部とる。

3 水やり・追肥

アブラムシ予防のためにアルミを巻いた支柱を立てたら、表面が乾かない程度に水やりし、10日に一度、株元から20cm以上離して化成肥料を小さじ1杯入れる。

4 防除・収穫

葉ダニが付いた場合は、1日に1～2回、葉の表裏や茎に水をスコールのようにかけて流す。アブラムシはモザイク病を媒介するので、見つけたら専用の殺虫剤で早めに駆除する。開花後20～25日で順次収穫。

しかし近年（１９８０年代）、実はアクと思われていたナスの成分クロロゲン酸は、強い抗酸化作用をもつものだとわかりました。

「ナスにはアクがあるので水にさらす」ことが常識のように思われていましたが、改良が進み、えぐみの少ない品種が多くなりましたので、健康に役立つ成分を水に流さず、うまみを逃さないためにも、水にさらさずに食べていただきたいものです。また、ナスは焼くことでうまみ成分のグルタミン酸が増えおいしさが増します。焼きナスにイノシン酸が多いかつお節をかけると、うまみ成分の相乗効果で、おいしさがアップします。

ナスは肥切れや水不足になると、つやがなくなったりします。雄しべが雌しべより長くなっていたら、肥料と水不足のサインなのですぐに対処しましょう。収穫したナスは低温と乾燥をきらいます。冷蔵庫に入れるときは、新聞紙で保護し、ビニールかラップでくるんで保存しましょう。

ピリ辛エスニック・ナス

ナスとパプリカの取り合わせは
見た目も鮮やか。
ニンニクと唐辛子が食欲をそそります。
冷やしてさっぱりといただきましょう。

ナスにパプリカ、タマネギと、野菜をたっぷり食べられるメニューはお子さんのためにもぜひ食卓にのせたい一品。ピリ辛風味とミニトマトの酸味が野菜のうま味を引き出しています。

作り方

① ナス、パプリカは乱切りにし（写真A）、ナスには軽く塩をしておく（写真B）。タマネギ、ミニトマトは食べやすい大きさに切っておく。

② 分量の調味料を合わせておく。

③ フライパンに油をしき、ニンニク、ショウガ、唐辛子を入れたあと火をつけ、香りがたってきたら水気をふいたナス、パプリカ、タマネギ、ミニトマトを入れ、中火でしんなりするまで焼く（写真C）。

④ 合わせておいた調味料に、③を入れてなじませる（写真D）。

⑤ 1時間ほど冷蔵庫で冷やしたら器に盛る。お好みでシャンツァイをどうぞ。

材料（4人分）

- ナス…小3本
- パプリカ…黄 1/4個
- タマネギ…1/4個
- ミニトマト…4個
- ニンニク・ショウガ・唐辛子…適量
- シャンツァイ（香菜）…適宜
- 分量外…塩・油

＊調味料

しょうゆ…大さじ2　砂糖…大さじ2
酢…大さじ2　ゴマ油…少々

二十日ネギ

プランターに植えておけばササッと使える便利野菜

二十日ネギとはワケギのこと。株さえ残っていれば刈り取ってもまた生えてくるとってもエコな野菜です。

二十日ネギの栄養

β(ベータ)ーカロテン、ビタミンCを多く含むほか、便秘の改善、整腸作用が期待される食物繊維も豊富です。

二十日ネギ栽培カレンダー　**植え込み**(10月〜6月)　適温　15℃〜25℃　夏場以外一年中栽培可能

10月　11月　12月　1月　2月　3月　4月　5月　6月　7月　8月　9月

収穫(10月下旬〜6月下旬)

準備するもの

❶

❷

❸

❹

❺

❶二十日ネギの種球

❷市販の培養土

(堆肥と水はけの良い土を同量混ぜてもいい)

❸鉢底石　❹化成肥料(N8:P8:K8)

❺大型のプランターか8号以上の鉢

二十日ネギは生長が早いことから通称で親しまれ、青ネギとか台湾ネギとも呼ばれたりしますが、正式名称は「ワケギ(分葱)」。根元付近から新芽が出て株分かれすることから付いた名です。

　長ネギのように白い部分を主に食べる「根深ネギ」とは別の種類で、ネギとタマネギの仲間との交雑種。葉を主に使う「葉ネギ」に分類されます。

二十日ネギの育て方

1 植え込み

種球の古根と薄皮をむき、1カ所に2〜3球ずつ株間8〜10cmに植え込む。

2 水やり

葉先が見える程度に土をかぶせたら、底からしみ出すほどたっぷりと水をかける。

3 追肥

草丈が10cmほどになったら、化成肥料（全体で20g）または液肥を株と株の間に追肥する。

4 刈り取り

植えつけから30日ほど経ったら収穫。抜いてもいいし、地ぎわから3〜4cmのところで刈り取れば再び生えてくる。

強い抗酸化力のあるβ（ベータ）ーカロテン、ビタミンCを豊富に含み、刺激臭や辛みが少なく、独特の香りと甘みがあります。

栽培の魅力は、葉を刈り取るとすぐに若い葉が出てくることです。花を付けず、トウ立ちしないので何回も刈り取りができ、同じ株で秋→冬→初夏と、長い間収穫できるエコ野菜です。葉が黄化して完全に枯れるころには、株元にたくさんの球根ができるので、風通しの良い日陰で保管し、次年度の種球として利用しましょう。

畑で栽培する時は、キュウリや、モーウイなどのウリ科との相性が良く（コンパニオンプランツ）、土壌微生物の種類が豊富になり、相手の作物に障害が出にくくなるともいわれます。逆にダイコンの近くに植えると悪影響を与えることもあるようです。

プランターで育てる時は、水はけの良い土を入れ、日当たりの良い場所でこまめに水やりし、週に一度は追肥を行いながら育てましょう。

ビラガラマチ（ネギ巻）

二十日ネギを方言で「ビラ」と言います。
ビラガラマチは、細かく刻むのではなく
長いままゆでて使うネギ料理。
伝えていきたい琉球料理のひとつです。

さっとゆでた二十日ネギをかまぼこに巻きつけたシンプルな料理。シャキッとした歯ごたえがあり、カラシ酢味噌と相まってかまぼこに彩りを加えています。お酒の肴にも。

作り方

❶ かまぼこは1センチ角で4センチほどの長さに切っておく。

❷ 二十日ネギは軽くゆで、冷水で冷ます。

❸ 分量の調味料を混ぜ合わせてカラシ酢味噌を作る。

❹ かまぼこを2本重ねて左端から二十日ネギの茎を添え、右端まで持ってきてからぐるぐると巻き、器に盛ってカラシ酢味噌をかける。

材料（4人分）

- かまぼこ（白）…約40g
- 二十日ネギ…4本

カラシ酢味噌
- 味噌（白）…大さじ1
- 砂糖…小さじ1　酢…小さじ1
- みりん…小さじ1
- 和ガラシ…適量

汁ものに入れたり炒めものに散らしたりと広く使える二十日ネギ。
料理に爽やかな香りと彩りを添える名脇役です。
栽培も簡単で、年中収穫できるお手軽さも魅力です。

丸オクラ

花が咲いたら一週間で収穫お待たせしない野菜です。

オクラは生長が早く
手入れをすれば
長く収穫できます。
毎朝生長をチェックして
固くならないうちに
食べちゃいましょう。

丸オクラの特徴

角がなく、収穫が少し遅れても柔らかい。ペクチンやムチンなどのネバネバパワーとカロテン、ビタミンCが免疫力アップに役立ちます。

丸オクラ栽培カレンダー

適温　25℃～30℃

種まき(3月～9月)

1月　2月　3月　4月　5月　6月　7月　8月　9月　10月　11月　12月

収穫(5月～11月)

準備するもの

①

②

③

④

大型プランターの容積に合わせて用意しましょう

⑤

⑥

①丸オクラの種
②液体肥料
③プランター（深さ40cm以上）
④葉もの野菜用の配合土
⑤化成肥料（N8・P8・K8）
⑥鉢底石（軽石）

オクラには、赤、白、緑の色があり、さやの形で、丸、角、多角オクラなどに分かれます。島オクラは丸オクラの種類。星形になる角オクラより硬くなりにくいのが特長です。

原産地は南アフリカで、エジプトでは2000年以上前から栽培されていました。日本に伝わったのは江戸末期から明治の初めごろといわれます。

1 種まき・覆土

株間40cm、深さ1cmほどの穴をあけ、3～4粒の種をまき、軽く土をかぶせる。土が湿る程度の水やりを。

2 間引き

プランター栽培では間引きが必要。本葉が出たら、生育の良いものを2本残して1回目の間引き。本葉が3枚になったら2回目の間引きをし、良い方を残す。

3 摘葉・わき芽除去

葉が茂ってきたら、収穫するサヤのすぐ下の1葉以外は摘み取る。下の節から出てくるわき芽や、花が付かない側枝も取り除く。

4 追肥・収穫

7～10日おきに液体肥料を施し、開花後4～5日で収穫。オクラはすぐに大きくなり、育ちすぎると固くなるので毎朝チェックする。

アフリカ生まれだけあって暑さに強いオクラ。表面をおおう産毛は保湿力を高め、乾燥に耐えるためのものです。特徴的なネバネバも乾燥から身を守るために作られたもので、水溶性食物繊維のペクチンや、複合性たんぱく質のムチン、多糖類のアラバンなどがその主成分です。

ペクチンは血中コレステロールを減らし、血圧や血糖値の上昇を抑える効果が期待できるほか、ムチンは胃粘膜の保護、たんぱく質の消化促進、整腸作用があることが知られています。ほかにもカロテン、ビタミンB群、ビタミンC、カリウム、マグネシウムなどが含まれ、免疫力アップにも役立ってくれます。

オクラは開花後5~7日で収穫できるほど生長が早いので、毎朝プランターをのぞくのが楽しみになるほどです。追肥と切り戻しをすれば長期にわたって収穫できるほか、ゆうなの花によく似た黄色い可憐な花も目を楽しませてくれます。

オクラのピリカラ漬け

コチュジャンのピリリとした辛さと
ゴマ油の香ばしさもあいまって
思わず「もう一つ!」と箸が伸びます。

ゆでる前に塩で板ずりをすることで、チクチクとした産毛がとれ、鮮やかな緑色になります。
真っ赤なトマトとの色の対比も食欲がそそられますね。

作り方

❶ オクラはヘタの周りを削る。

❷ 塩をして板ずりしたあと、味がよく入るようにようじで2〜3カ所穴をあける。

❸ 沸騰したお湯に❷を入れ、1分弱ゆでる。

❹ よく混ぜた漬けだれにオクラを30分ほど漬け、皿に盛って輪切りにしたミニトマトをトッピングする。

材料

- オクラ…8本
- ミニトマト…1〜2個

漬けだれ
- しょうゆ…大さじ3
- 酢…大さじ2
- 砂糖…大さじ2
- コチュジャン…小さじ1/4
- 長ネギ(みじん切り)…1/2本分
- ゴマ油…少々

ビタミンCなどの栄養をたっぷり含んでいるうえ発育も早く、ネバネバとした食感で存在感を発揮するオクラ。
家庭菜園で育てて食卓にのせたい野菜です。

島トウガラシ

■島トウガラシ 栽培カレンダー

植え付け：4月〜5月

1月	2月	3月	4月	5月	6月	7月	8月	9月	10月	11月	12月

収穫：6月〜1月

赤くホットな島スパイス

燃えるように赤い実は
育て方次第で辛みが変化。
食べるだけではなく、
観賞用にもオススメです。

健康にもピリッと効く？ 島トウガラシの機能性

島トウガラシの辛み成分であるカプサイシンと赤い色素のカルテノイドには、それぞれエネルギー代謝を高める働きと高い抗酸化力があります。前者は脂肪燃焼効果が、後者は生活習慣病の予防効果が期待されています。

島トウガラシは中南米が原産地で、16世紀ごろ中国を経て日本に伝わりました。ジャガイモ、トマトなどと同じナス科の植物で、ピーマンとは同一種です。辛みがあり香辛料に使われるのがトウガラシ、辛みがほとんどなく野菜として使われるのがピーマン（英名はスイートペッパー）です。

島トウガラシは和名で「キダチトウガラシ」と呼ばれる系統で、沖縄と小

準備するもの

❶ 島トウガラシの苗（2つ）
❷ 大型プランター（深さ30cm以上）
❸ 野菜用の配合土
❹ 液体肥料（N8・P8・K8）
❺ 鉢底石
❻ 支柱（約70cm×2本）

1 植え付け

苗の本葉が8枚程度になり、一番花のつぼみがつくまで（2カ月ほど）ポットで育てる。その後、プランターに鉢底石を敷き、へりから2cmほどの深さまで配合土を入れる。プランター2カ所に株間を30cmほど取った穴を掘り、根を崩さないように植えて水をたっぷりかける。

2 支柱立て・誘引・わき芽かき

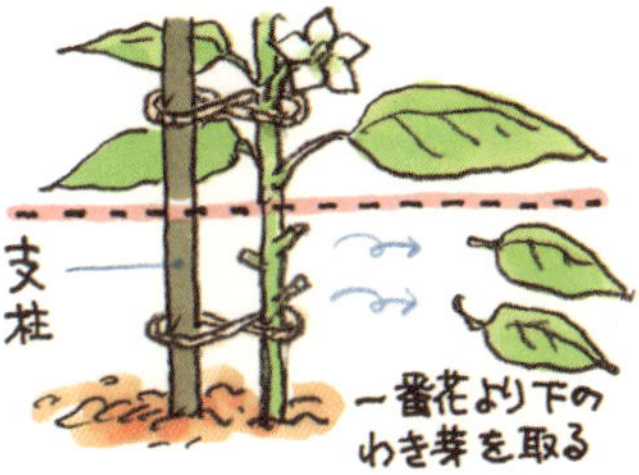

苗を植え付けた後、支柱を株元から少し離して立て、ひもで主枝と支柱を8の字状にゆるく固定する。一番花の下のわき芽2本以外を取り除く。
※誘引とは、ツルや茎を支柱に結びつけ、成長の方向や草姿のバランスなどを調節すること。

3 追肥・水やり

植え付けから2週間ほど経ったら、水やりを兼ねて500倍に薄めた液肥をかける。下葉の色が薄くなったりした場合は、1週間に1回ほど液肥を施す。土の表面が乾いたら、鉢底から水が流れ出るまでたっぷり与える。土が減っていたら増し土をする。

4 収穫

実がオレンジ色を経て赤くなったものからヘタごと収穫する。より赤くしたいときは2〜3日常温において追熟させる（乾燥させる時は風通しの良い日陰に吊るす）。

笠原諸島のみに帰化した種類です。葉がひし形で、実の大きさは2〜3センチほどというのも特徴です。100グラムあたりの栄養で比較すると、ビタミンCはレモンやトマトより多く、ビタミンAはホウレンソウの約2倍。鉄やカリウムも含んでおり、意外に栄養価の高い野菜です。

　プランターで栽培する時は、土の表面が乾いたらたっぷりと水をやりますが、あまり大事に育てると辛みが弱くなる傾向があるので、適度なストレスを与えて育ててもよいでしょう。台風や病害虫の被害に遭わなければ越年栽培も可能です。冬場は実が小さくなったりしますが、春になり気温が上がるとまた勢いを増します。

　栽培中は観賞用としても楽しめるほか、収穫後は乾燥させて保存したり、泡盛やオリーブオイルに漬けることで調味料が作れます。なお、収穫や調理の時は目や粘膜に触れないようにし、こまめな手洗いを忘れずに。

コーレーグース ときどきチリオイル

沖縄料理に欠かせない調味料、コーレーグース。洋食で役に立つチリオイルも同様の方法で作れます。

沖縄そばの相棒、コーレーグース。お刺身のしょうゆに垂らしたり、チャンプルーの隠し味にしたりと、使いどころはさまざまです。

材料

- 島トウガラシ…30〜40本
- 泡盛（30度以上）…300cc
- 醸造酢…小さじ2

作り方

❶ 島トウガラシのヘタを取り、軽く水洗いする。
❷ 沸騰したお湯に1分弱ほど入れ、湯通しする。
❸ ざるにあけて水気を切る。
❹ キッチンペーパーに広げ、約3日間乾燥させる。
❺ 煮沸消毒したビンに泡盛と❹を入れ、最後に酢をまわしかける。ふたをして3週間ほどで使える。

泡盛の代わりにオリーブオイルを使って刻んだ島ニンニクと漬ければ、ピザやパスタなどにも使えるチリオイルが作れます。

沖縄のスパイスといえば島トウガラシ。プランターでじっくり育て、自家製コーレーグースを作りませんか？

ゴーヤー

ゴーヤー栽培カレンダー　　栽培適温 25℃～30℃

1	2	3	4	5	6	7	8	9	10	11	12
				苗植え			収穫				

夏野菜の王さま・ゴーヤーに挑戦！

「ゴーヤー？ ニガいからきらーい」。そんなことで敬遠してしまうのはあまりにもったいない。

葉陰は涼しいし、果実は栄養満点の夏野菜なんですよ。

ゴーヤーのつるは上へ上へと伸びる性質があります。あらかじめ葉っぱで覆いたいところからネットを吊り下げておくと、どんどん葉陰を作ってくれますよ。

準備するもの

1. 培養土
（プランターの容量に合わせて）
2. 鉢底用の軽石
3. ゴーヤー苗2株
（市販の接木苗がおすすめ）
4. ウリ用の肥料
5. 吊り下げ用ネット
（目が10cm×10cm程度のもの）
6. プランター（写真は70リットル）

・シャベル　・ハサミ　・じょうろ　・支柱

ゴーヤーには、まるで沖縄の人が夏を快適に過ごすために生まれたような長所がたくさんあります。

ひとつは「緑のカーテン」を作ってくれるということ。植物が根っこから吸い上げた水分は葉っぱの表面から放出されます（＝蒸散といいます）が、その時に周囲の熱を奪う（＝気化熱といいます）ので、植物の葉陰はブラインドやすだれで日射しをさえぎるより

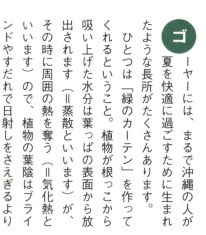

1 苗の準備

プランターに鉢底石→培養土の順番に入れる。根と土をくずさないように植える。苗の根がからまるほど伸びたものは、3分の1ほどカット。

2 苗の植え付け

苗と苗の間は60cm～100cm空けて置き、茎が1cmくらい埋まるまで土を入れ、たっぷりと水をやる。定着したら肥料をやる。

3 摘芯&支柱

本葉が7～8枚になった頃、親づるの芯を3㎝くらい切り落とすと雌花の多い子づるが伸びる。支柱を立ててネットを吊るす。

4 再び摘芯&受粉

伸びた子づるも芯を切り落とし、さらに雌花の多い孫づるを伸ばす。雄花を摘んで雌花の先に付け、確実に受粉させる。葉が黄色になったら追肥する。

も涼しいのです。ゴーヤーの葉っぱは手のひらのように大きくて柔らかく、数もたくさん付くので、蒸散効果もバツグンということになります。

もうひとつは、日焼けしたお肌の修復に欠かせないビタミンCをはじめ、カロテンやビタミンB1、カリウムなどが豊富に含まれていること。ゴーヤーに含まれるビタミンCは熱に強いため、チャンプルーなどで加熱調理しても壊れにくく、効果的に摂取できます。また、カリウムには摂りすぎた塩分を体外に排出する効果があるため、つい塩辛くなりがちな夏場の食生活にはありがたいミネラルなのです。

さあ、5月のアタイグヮーにゴーヤーを植えてみましょう！　自分で育てた野菜はかわいいもの。次のページでは、収穫したゴーヤーを使った「やさしいレシピ」もご紹介しています。

収穫したらおいしくいただきましょう

家族で大切に育てたゴーヤーは、市販の何倍もおいしく感じられることでしょう。
それを家族でクッキングしたら、世界一おいしいゴーヤーになること間違いなし！

ゴーヤーの肉詰めトマト焼き

ゴーヤーの二つ割りに彩り豊かなトマトを並べたカラフルな料理。
わが家ならではのさまざまなアレンジを加えてくださいね。

作り方

1. ゴーヤーを縦半分に切り、ワタをくり抜く。
2. 外皮に隠し包丁を入れ[写真A]、塩をひとつまみ入れたお湯で3〜4分ゆでる。
3. ザルに上げて水気を切り、全体に軽く塩コショウをする。
4. 茶こしでツナギの小麦粉を振り[写真B]、クッキングシートでくるむ[写真C]。
5. ゴーヤーのくぼみにピザ用チーズ、ハンバーグのたね、トマトを乗せ[写真D]、電子レンジで5〜6分チンして出来上がり♪

材料（4人分）

- ゴーヤー…中くらいの大きさを2本
- ハンバーグのたね（合挽肉＋炒めタマネギ）…240g
- ピザ用チーズ…80g
- ミニトマト（赤や黄があれば尚可）…16個
- 小麦粉…少々
- 塩コショウ…適宜

おやこで かんたんに つくりましょ

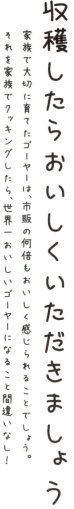

カンダバー

カンダバー栽培カレンダー　　　　栽培適温 25℃〜30℃

1 2 3 4 5 6 7 8 9 10 11 12

苗植え（5〜8月）
収穫（6〜11月）

カンダバーはイモの葉っぱです

沖縄の真夏の暑さにもへこたれず、グングン育つ葉野菜があります。いつもは根っこを食べているもの。茎とかも揚げて食べているもの。

それって、なんだばー？

答えは『カンダバー』。根を食べるためのイモではなく葉っぱ用の品種で育ててあります。

買って食べたカンダバーの残りからもう一食分育ててみましょう。

カンダバーは繁殖力の強い野菜。土に挿した場合、水やりと追肥を怠らなければ何回か収穫できます

「ぐしちゃんいい菜」の生産者
安里喜美子さん

水耕栽培でお手軽に

水に挿しておくと数日で根が出てきます。窓際に置くと清涼感アップ。水は毎日替えましょう

食糧難だった戦時中、オジイやオバアは毎日のようにイモの葉っぱを食べていたと聞いたことがあります。カンダバーは逆境に強い野菜。カンカン照りだろうが台風だろうが、辛抱づよく地面をはって生き延びます。栄養機能成分だって抜群。不足しがちなカルシウムなどのミネラルやカロテン、ビタミンEの含有量は、ホウレンソウや春菊にも劣りません。食物繊維

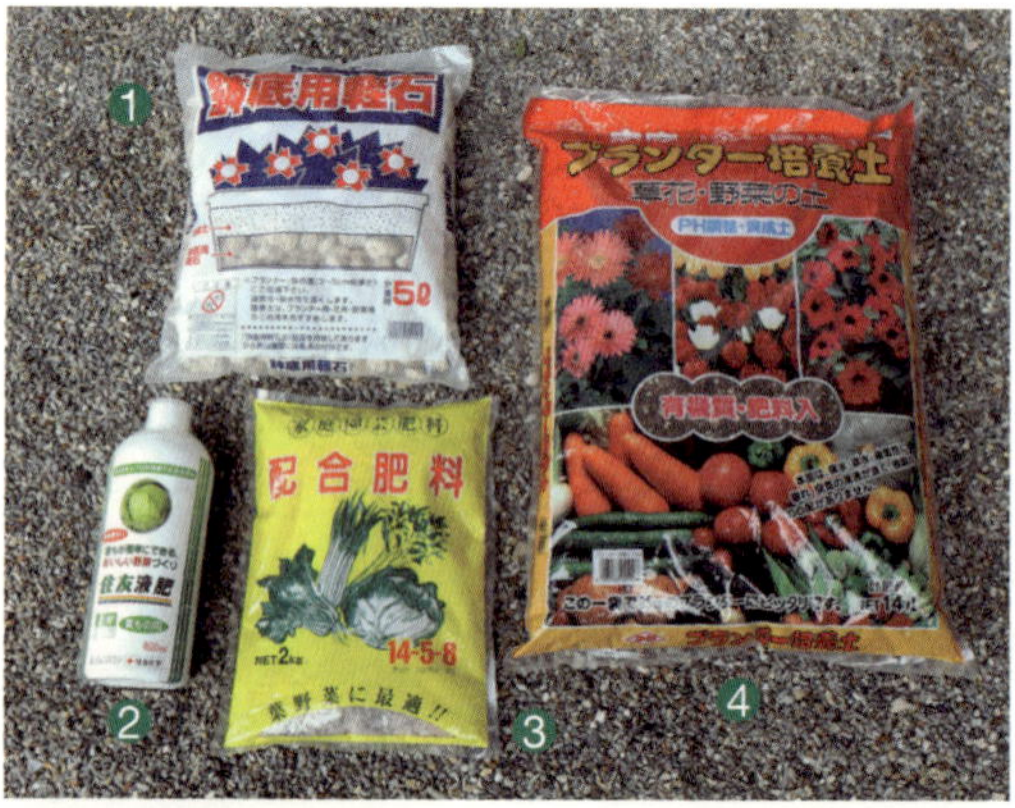

準備するもの

1. 鉢底用の軽石
2. 液肥（窒素の割合が高いもの）
3. 固形肥料（　〃　）
4. 培養土
5. プランター

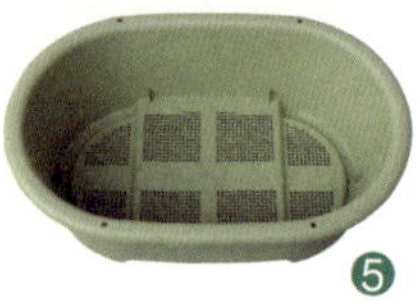

1 苗の準備

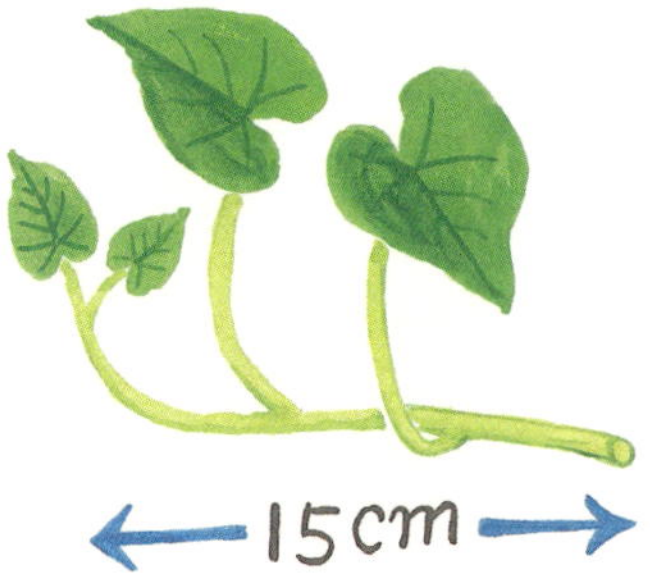

食用に買ってきたカンダバーの茎を15cmほど残しておく。葉は少なめでOK。

2 植え付け

プランターに市販の鉢底石と培養土を入れ、茎が土に隠れるように植える。

3 栽培管理

植え付けて1週間くらいは毎日水やりをする。根づいたら規定の倍率に薄めた液肥をやる。

4 収穫

1〜2カ月して茎の長さが20〜30cmくらいになったら、地際5cmくらいを残して収穫する。

やポリフェノール、眼病予防に良いルテインという機能性成分も豊富に含まれ、加熱しても栄養成分の損失が少ない、優れもの野菜なのです。

　地味な性格が災いして？オシャレ野菜の仲間入りができていない感じのカンダバーですが、最近スポットライトが当たったのをご存知でしょうか。それは生食できるカンダバー「ぐしちゃんいい菜」の登場。葉だけでなく葉柄（幹と葉の接続部）まで食べることができ、柔らかくて臭みがないのが特長とのことです。さっそく生産者の安里喜美子さんを訪ね、「やさしいやさしい」の撮影用に「ぐしちゃんいい菜」を1束いただいて来ました。

　スペード型の大きな葉っぱに、長い葉柄がトレードマークの「ぐしちゃんいい菜」。葉柄をきんぴらにして食べる新たなレシピも紹介します。

カンダバーの葉柄をシャキシャキいただく！
おいしい"きんぴら"つくりましょう

きんぴらといえばゴボウを連想しますが
カンダバーのシャキシャキ葉柄も
ピッタリなじむレシピです。
色とりどりの野菜と一緒にどうぞ。

カンダバーのシャキシャキ感と、コンニャクのくにゅくにゅ感が◎。
甘くてちょっとピリ辛な風味も、夏の副菜にぴったりです

作り方

1. きんぴらの材料は5cm程度の千切りに揃えておく。[写真A]
2. フライパンにゴマ油を入れ、ニンジンがしんなりしたらカンダバーの葉柄、コンニャクを入れる。[写真B]

3. みりん、砂糖、しょうゆの順に調味し、白ごまを和える。[写真C]
4. 最後にカンダバーの葉を交ぜてさっと炒める。[写真D]

材料（4人分）

- カンダバー（葉・葉柄）…100g
- ニンジン（赤・黄）…50g
- ヒジキコンニャク…50g
- 島唐辛子…1/2本
- しょうゆ…大さじ2
- みりん…大さじ2
- 砂糖…大さじ1
- ゴマ油…小さじ1
- 白ゴマ…適宜

よく出来ました！

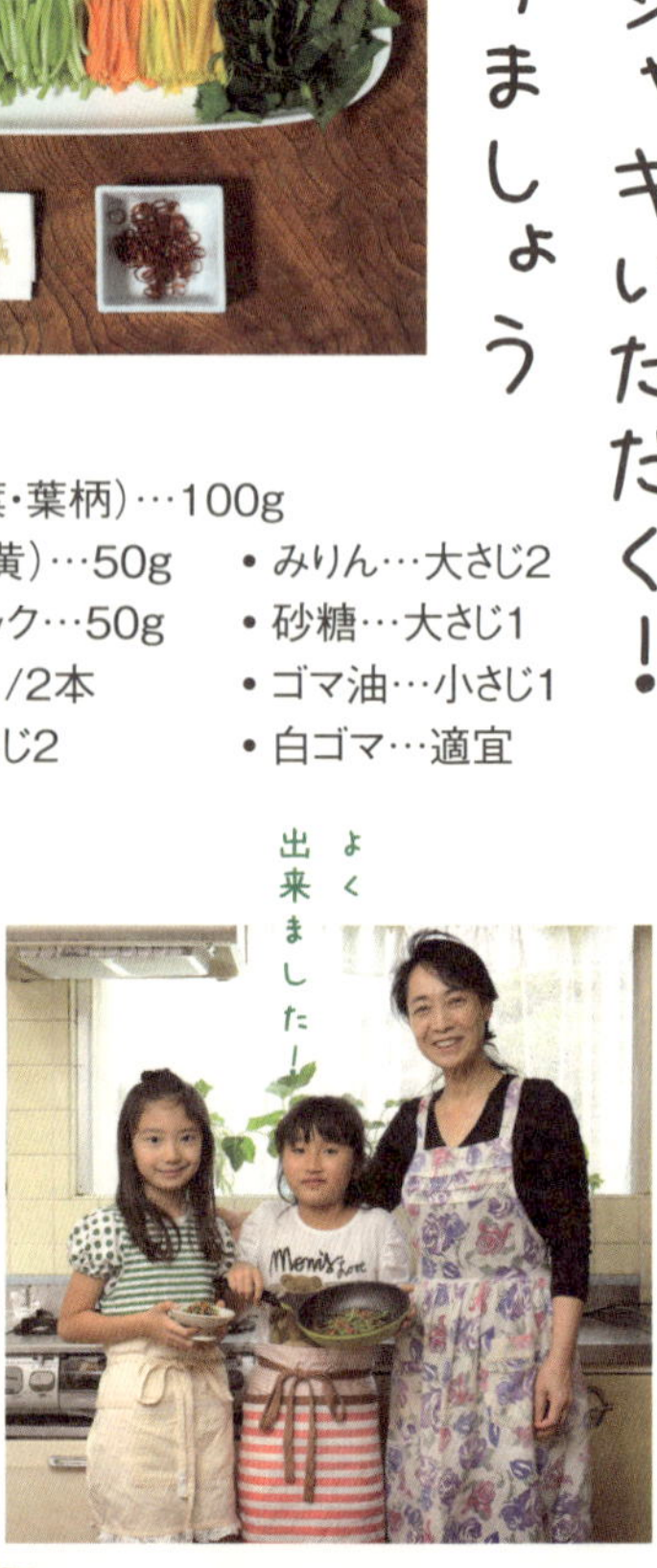

植えつけの時は「おなかすいた〜！」と合唱していた夏菜ちゃんと果歩ちゃん。調理は率先してお手伝いするあたり、さすが女の子ですね

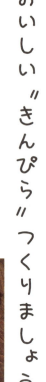

カイワレダイコン

カイワレダイコン栽培カレンダー　　　　栽培適温 20℃～25℃

1月	2月	3月	4月	5月	6月	7月	8月	9月	10月	11月	12月

●タネまき：通年（1～12月）　●収穫：通年（1～12月）

きれいな水と太陽で育つ 見た目も涼しい夏の野菜

キッチンの窓辺で育てて必要な時にサッと使えるカイワレダイコンは、ビタミンなども豊富な食卓の名脇役です。きれいなグリーンの外見も涼しげで、夏の暑さを和らげてくれそうです。

カイワレダイコンは成長が早く、10日ほどでみずみずしい葉をつけます。キッチンの窓に置けば、食べ時を観察しながら料理に活用できます。

いまや当たり前のように食卓にのぼるカイワレダイコン（カイワレ）。もともとは食通の間で珍重され、木箱に入って料亭に卸されるような高級食材でした。カイワレは大根のスプラウト。〝スプラウト〟とは〝新芽〟を意味します。スプラウトの歴史は古く、約５０００年前の古代中国では、マメ科のスプラウトであるモヤシ栽培がおこなわれていたといわれています。

準備するもの

❶カイワレダイコンの種
❷霧吹き
❸培地（スポンジ、脱脂綿、キッチンペーパー、ティッシュ等）
❹育てるための容器（牛乳パックでも代用可）

1 種まき

容器の底に培地を敷き、種をかたよらないように培地にまく。

2 発芽まで

種がつかる程度水を入れたら、発芽するまで直接日光が当たらない所で育てる。1日に2回ほど、霧吹きで水分補給を。

3 水替え・水やり

2〜3日たって発芽し、培地に根がしっかり張り出したら、毎日水を替える。

4 日光で緑化

ある程度の大きさに育ったら、明るい場所に置いて芽を緑化させる。5〜10日くらいたち、5〜10cmになったら収穫。

この小さなカイワレには、大きくなるためのさまざまな栄養素が凝縮されて含まれています。主な栄養素はスルフォラファンやビタミンB12、葉酸など。スルフォラファンは、ガン予防効果が期待できる成分といわれています。葉酸は皮膚や口内の粘膜を保護する作用があり、ビタミンB12は葉酸と協力して赤血球を生成するため「造血のビタミン」ともいわれています。

ビタミンの損失を防ぐおすすめの食べ方は「生」。キムチなどの発酵食品と合わせると血行促進に効果的で、納豆と合わせると美肌効果が期待できます。少量の油脂を加えるとカロテンの吸収力が高まり、酢を入れるとミネラルの吸収力が高まります。

一年中、キッチンの窓辺で育てられるカイワレダイコン。見て良し、食べて良し、エコで涼しげなインテリアとしても楽しめる窓辺の野菜作り、あなたもこの夏始めてみませんか？♥

※食べられないスプラウトもあるので注意してください（ナタネ、モロヘイヤ、トマトなど、種や芽に毒素が含まれるものはスプラウトにしないでください）。

カイワレダイコンとゆで鶏のピリ辛サラダ

簡単に作れておいしく食べられる
夏にうれしい一品料理。
カイワレと和からしのほのかな辛味が
鶏の旨味を引き立てます。

シンプルな料理ながら、シャッキリしたカイワレダイコンと鶏肉の組み合わせは絶品で、暑い季節でもおいしく食べられます。

作り方

❶ カイワレダイコンは洗って水を切っておく。鶏肉は酒、塩をふりかけて耐熱用のジッパー付き袋に入れ、10分ほど置いておく。

❷ 鍋にお湯をわかし、沸騰したところに❶を袋ごと入れてすぐ火を止め、そのまま放置する（65度でじっくり加熱すると肉が柔らかくなります）。

❸ ❷が冷めたら適当な大きさに切る。

❹ ジッパー付き袋内の鶏肉のゆで汁としょうゆで和からしを溶き、❸とカイワレを和える。お好みでゴマ油をどうぞ。

材料（2人分）

- カイワレダイコン
  …30～40g（市販の1パック分）
- 鶏もも肉…80～100g（1/2切れ）
- 酒（もも肉下味用）…大さじ1
- 塩（もも肉下味用）…少々
- しょうゆ…大さじ1/2
- 和からし…少々
- 鶏のゆで汁…小さじ1
- ゴマ油…適宜

サラダや汁物をはじめ、いろんな料理と相性のいいカイワレダイコンは手間いらずで育てられるのも魅力。透明な容器で育てれば、窓辺に置いて涼しげなインテリアにも。夏にはうってつけの野菜です。

バジル

イタリア料理に欠かせないハーブといえばバジル。さわやかな色と香りは食欲をそそり、どんな料理とも相性バツグン。プランターで手軽に育てて日々の料理に活用しましょう。

バジル栽培カレンダー

種まき(4月〜7月)

1月　2月　3月　4月　5月　6月　7月　8月　9月　10月　11月　12月

収穫(7月〜12月)

「王家の薬草」バジルを育ててみませんか？

イタリアンな風味を
手軽に出せるバジルは
さまざまな料理に合う
便利なハーブです。
世話のしかた次第で
長く楽しめるのも◎。

バジルの特徴

免疫力を高めるβ-カロテンのほか、アンチエイジング効果が期待されるビタミンEやカルシウムを含みます。香りにはリラックス効果もあります。

準備するもの

❶

❷

❸

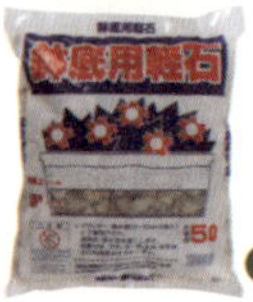

❹

❺

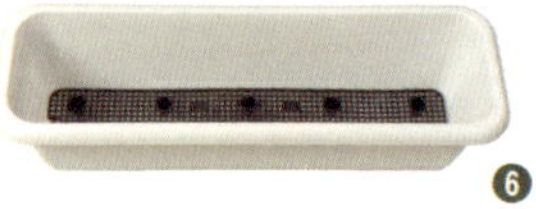
❻

❶バジルの種
（スイートバジル）
❷ハーブ用の配合土
❸化成肥料
（N8・P8・K8）
❹鉢底石（軽石）
❺液体肥料
❻プランター
（容量10ℓ以上）

古代ギリシアでは、王家など貴人の香水や薬に使われたことから、「王家の薬草」と呼ばれたバジル。イタリア語ではバジリコと呼ばれます。日本には江戸時代に伝わり、水に浸しゼリー状になった種で目に入ったゴミを取り除いていたことから「メボウキ(目箒)」と呼ばれていました。

　バジルはイタリア料理に欠かせないハーブで、独特の香りと色が食欲を増

1 種まき

鉢に入れた土は、たっぷりの水で湿らせておく。重ならないように種をまく。好光性の種のため、土はパラパラとかける程度にする。発芽までは明るい日陰に置いて水やりする。

2 間引き

2週間ほどで発芽したら日当たりの良い場所に移動させ、本葉が出たら葉と葉が触れる程度の間隔になるよう間引きする。最終的に、株と株の間が10〜15cm間隔になるようにする。

3 摘芯・追肥

本葉から8〜10枚程度に育ったら、太い茎の途中（本葉4〜5枚くらいの位置）で芯を切り取り（摘芯）、わき芽をのばす。7〜10日おきに、薄めた液体肥料を与える。

4 収穫

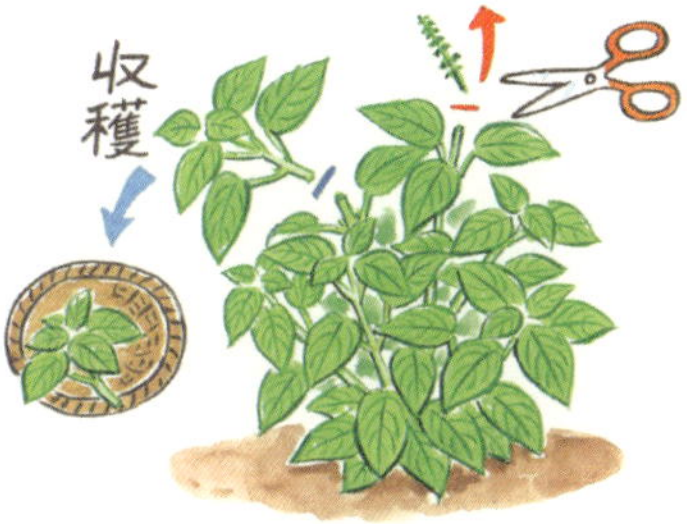

わき芽が15cmほどに生長したら収穫。花が咲くと葉が硬くなり収穫量が減るため、花芽は摘み取る。

進させます。パスタやピザ以外にも、トマト、ジャガイモなどの野菜料理や肉、魚料理でも大活躍。東南アジアでは、バジルシードとして飲料やデザートにも使われています。

　バジルに多く含まれる栄養素は、免疫力を高めたり抗酸化作用があるβ-カロテン。またアンチエイジングに役立つビタミンEやカルシウム、鉄分、マグネシウムのほか、せき止め効果が期待されるサポニンも含みます。また、さわやかな香りには集中力を高め、リラックスさせる効果があります。たくさん収穫できた時は、乾燥させたり塩やビネガー、オイルに漬け込んだり、バジルペーストにしておくと重宝します。

　まれにアブラムシやアオムシがつくことがありますが、見つけたら割りばしなどで取りましょう。アブラムシが発生したら牛乳をスプレーするか、噴射ノズルの水圧で吹き飛ばします。

　切り戻しをすると新しい茎と葉が出るので、長い期間楽しめますよ。

バジルと島豆腐のカプレーゼ風サラダ

島豆腐とモッツァレラチーズは
見た目も食感も似たもの同士。
うちなー+イタリアンの
コラボをどうぞ。

ほのかな塩味の島豆腐とまろやかなチーズを、バジルがさわやかにまとめています。トマトも添えてさっぱりした一皿に。お酒の肴としてもピッタリです。

材料

- トマト…中玉2個
- 島豆腐…適量
- モッツァレラチーズ…100g
- バジルソース…適量
- 塩コショウ…少々

バジルソース

- バジル…50枚ほど
- 松の実…10個
- ニンニク…1片
- エクストラバージン
  オリーブオイル…100cc
- 粉チーズ…大さじ1
- 塩…小さじ1/2

A

B

C

作り方

❶ バジルは水洗いし、水気をしっかり拭き取る。(写真A)
❷ バジルソースの材料をすべてミキサーに入れ、約30秒混ぜる。(写真B)
❸ トマトはくし切りにし、島豆腐とモッツァレラチーズは食べやすい大きさに切る。(写真C)
❹ 皿に盛りつけ、軽く塩コショウしたあと❷をかけ、皿のふちにもトッピングする。

POINT

❶のバジルはさっとゆでてから使うと、緑色が変色しにくくなります。

❷のバジルソースは保存袋に入れて薄く伸ばし、筋目を付けて凍らせておくと、必要な時に必要なだけ使えて便利です。(写真D)

D

番外編

ジャガイモのジェノベーゼ

ゆでたジャガイモをバジルソースで和えると「ジャガイモのジェノベーゼ」に早変わり!

青じそ

■青じそ栽培カレンダー

種まき (2月〜5月)

生育適温：20℃〜23℃

1月　2月　3月　4月　5月　6月　7月　8月　9月　10月　11月　12月

収穫 (4月〜8月)※種まきから約80日

香りや彩りだけじゃないんです

カロテンの含有量は何とカボチャの約3倍！防腐効果もあるので食中毒予防も期待できる初夏に最適の野菜です。

しそもいろいろ

葉が丸くてシワの少ない「大葉しそ」、葉のふちのギザギザやシワが大きい「ちりめんしそ」、色素成分シソニンの多い「赤じそ」など、いろいろな品種があります。

しそは中国南部あたりが原産地といわれ、日本でも古い時代から自生していたといわれます。縄文時代の遺跡からは種が見つかっており、平安時代には香味野菜としての栽培も始まっていました。

　赤じそと青じその成分はほぼ同じですが、カロテンの含有量が高いのは青じそで、カボチャの約３倍も含まれています。

準備するもの

①

②

③

④

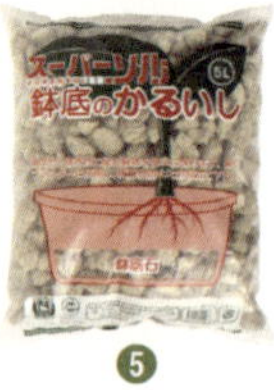

⑤

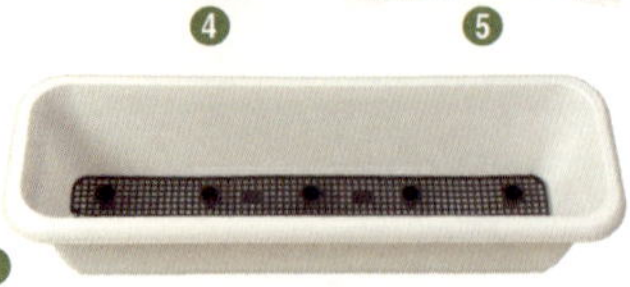

⑥

①青じその種
②野菜用の配合土
③化成肥料（N8･P8･K8）
④木酢液
⑤鉢底石
⑥プランター（深さ15cm以上）

準備 1

種は水に一昼夜浸したあと水気を切っておく。プランターに鉢底石を敷き、配合土を入れて平らにならしておく。

種まき・水やり 2

株間が15cm以上になるよう、2カ所に約5mmの深さのくぼみを作り、5〜6粒の種をまく。種が少し隠れる程度に土をかぶせ、水切れさせないようにこまめに水やりをする。

間引き・追肥 3

本葉が2〜3枚のころ、育ちの悪いものを間引きする。本葉が4〜5枚のころには一本立ちにし、半日陰で育てる。追肥は様子を見ながら、化成肥料を1つまみほど株元から離して与える。虫がついたら薄めた木酢液で防除する。

収穫 4

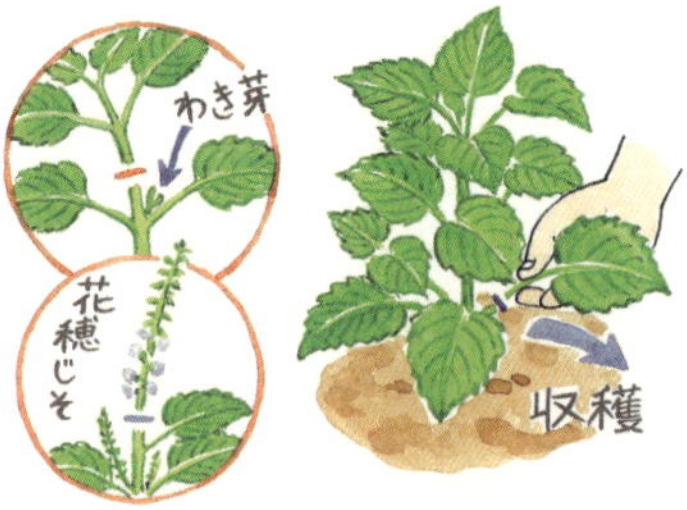

草丈が30〜40cmほどになったら下から葉を手で摘んで収穫する。茎の先端を摘み取ると、わき芽が伸びて収穫量が増える。穂ジソとして楽しむときは、穂が出て花が3分の1ほど咲いたころに付け根から切り離して収穫する。

一方、赤じそは漢方では薬用として使われてきました。むかし中国でカニを食べてひどい食中毒になった少年に、旅の名医が紫の葉を使った薬を与えたところ、蘇ったことから「紫蘇（しそ）」の名が付き、魚やカニの毒を消すものとして知られるようになったとのこと。刺身のツマや薬味に利用されているのは、食中毒予防に一役買う食べ方だったわけです。また防腐効果があることから、梅干しの保存にも利用されています。

しその独特の香りは、ペリルアルデヒドと呼ばれる精油成分。この芳香は生の状態で刻んだ時だけでなく、煮込んでも残ります。梅雨の時期に多い食中毒の予防にも役立つといわれますので、たくさん収穫できたときはしそジュースにするのもおすすめ。

硬い葉は浴槽に浮かべ、アロマバスとして楽しみましょう。保存したいときは、湿らせたペーパータオルに包み、ラップで保護してから野菜室に入れると長持ちします。

青じそジュース

しその爽やかな香りをまるごと生かした
初夏にぴったりのジュースです。

クエン酸を混ぜたとたん、液色はカエンカズラのような赤に早変わり! 色素成分「シソニン」は赤じそだけでなく、青じそにも少量含まれているんです。

材料（2人分）

- 水…500cc
- 青じそ…50〜60枚
- 氷砂糖40〜50g（砂糖や蜂蜜でも可）
- クエン酸（酢でも可）…小さじ1/2
- レモン果汁…大さじ1

作り方

1. 鍋に分量の水を沸かしてしその葉を入れる。
2. 5〜10分ほど煮出したらしその葉を取り出す。
3. 氷砂糖を入れてよく溶かし、火を止めてクエン酸を加える。
4. レモン汁を加え、こし器でこして容器に移し冷ます。

さわやかな香りが
お料理を引き立て、
あざやかな緑は
彩りのアクセント。
初夏は青じそに挑戦!

ウンチェー

■ウンチェー栽培カレンダー

種まき（4月〜9月）

発芽適温：20℃〜25℃
生育適温：25℃〜32℃

1月	2月	3月	4月	5月	6月	7月	8月	9月	10月	11月	12月

収穫（5月初旬〜11月）※種まきから約40日

青菜の少ない夏は ウンチェーの出番

栄養価が高いうえ
夏にもすくすく育つ
夏バテ予防の強い味方。
しっかり食べて
暑さに備えましょう。

ウンチェーの優れた栄養

カロテンにカリウム、ほうれん草の2倍近い鉄分と、ウンチェーは栄養たっぷり。しゃきしゃきの茎とぬめりのある葉は、やみつきになる食感です。

空芯菜（クウシンサイ）はサツマイモの葉に似た中国野菜。その名は茎に空洞があることに由来します。ヨウサイ、エンサイ（エンツァイ）、アサガオナの名も持つヒルガオ科の野菜で、沖縄では「ウンチェー」と呼ばれます。昔はよく水辺に生えていましたが、最近では土で育てる野菜として親しまれています。

ウンチェーは高温多湿を好み、水と

準備するもの

①

②

③

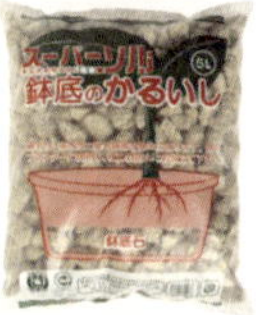

④

⑤

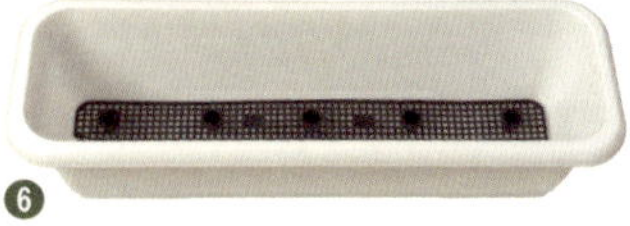
⑥

①ウンチェーの種
②野菜用配合土
③化成肥料
（N8・P8・K8）
④鉢底石
⑤液体肥料
⑥プランター
（容量10ℓ以上）

1 播種・水やり

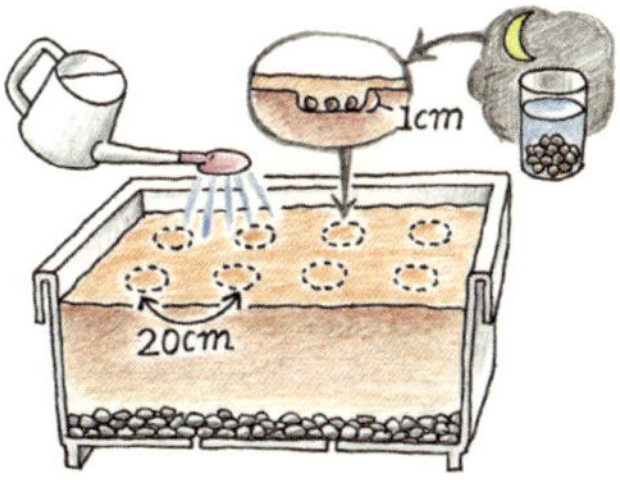

種は一晩水に浸けておく。プランターに鉢底石を敷き、配合土を入れ平らにならしておく。まき穴は深さ1cmで、株間は20cmほどとり、1つの穴に2〜3粒をまく。土をかけ、手で軽くおさえたらたっぷりと水を与える。

2 間引き

双葉が開いたころと、本葉が2〜3枚のころに育ちの悪いものを間引きする。多湿を好むので、土の表面が乾く前に水やりする。

3 追肥

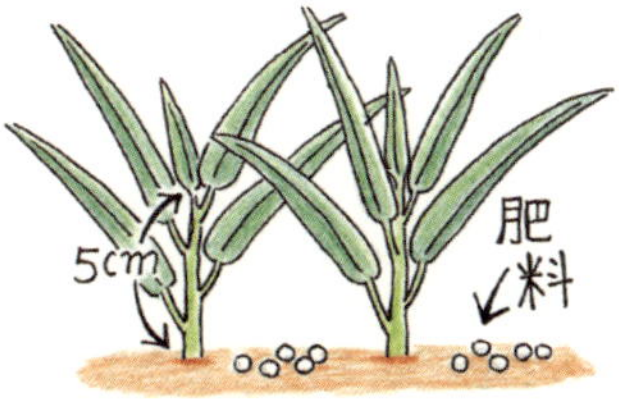

茎葉が5cmを超えたころに、化成肥料を1株あたりひとつまみ追肥する。その後は月に1回ほど、化成肥料か薄めた液体肥料を施す。

4 収穫・防除

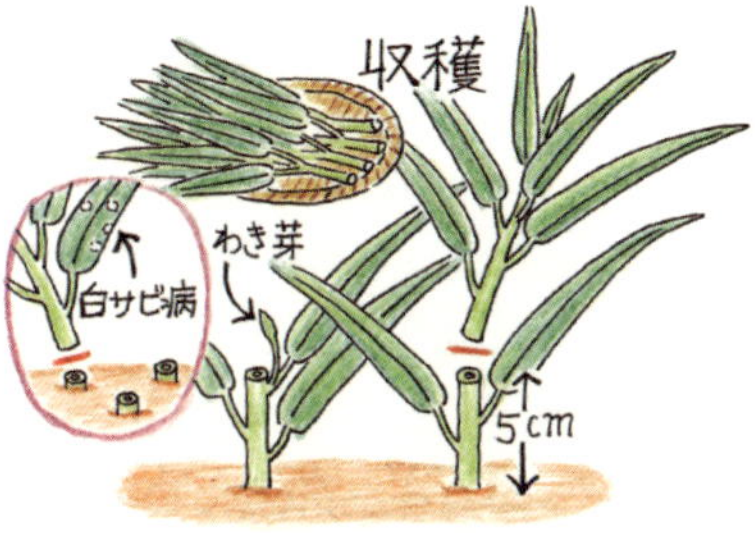

種まきから40日ほど経ったら、育ちの良い茎を地面から5cmほど残して収穫する（長く残すと再生力が悪くなる）。白サビ病が出たら、地面からいっせいに刈り取り、水やりと追肥で新しい葉を育てる。

肥料を切らさなければ、約40日で収穫できます。茎の下あたり3節程度を土の中に挿しておくと、簡単に根が出て育ちます。白サビ病のように葉の裏に凸凹ができることもありますが、土に近い部分からいっせいに刈り取ると、また新しい葉や茎が出てくるので大丈夫。青菜が少なくなる夏場には、大活躍してくれる野菜です。

　秋口になると白い花を咲かせて葉や茎が枯れてきますが、うまく管理すれば翌春にはまた芽を出し生長します。栄養価も高く、カロテン、カリウムのほか鉄分も多く含み、その量はほうれん草の2倍近く。ビタミンCも多いため、肉や赤身の魚などと合わせて料理すると貧血の予防に役立ちます。

　ニンニクや唐辛子を加えてさっと炒め、仕上げにしょうゆを加えた炒め物や、ナンプラーやオイスターソースで味付けを変えると、いろいろなバリエーションが楽しめます。夏バテ防止、疲労回復にも役立つエコ野菜、さっそく育ててみてはいかがですか？

ウンチェーの肉巻き

いつも炒めてばかりだなぁ…という方、
今回は変化球で勝負してみましょう。

鼻をくすぐる焼き肉の匂いと、目にもあざやかな彩り。つい何度もはしがのびる、夏にうってつけの料理です。

材料（4人分）

- ウンチェー…200g
- 豚薄切りロース肉…12枚（200g）
- パプリカ（赤、オレンジ、黄）…各1/2カット
- 塩…適量
- 小麦粉…適量
- サラダ油…適量
- 中華ドレッシング…大さじ4

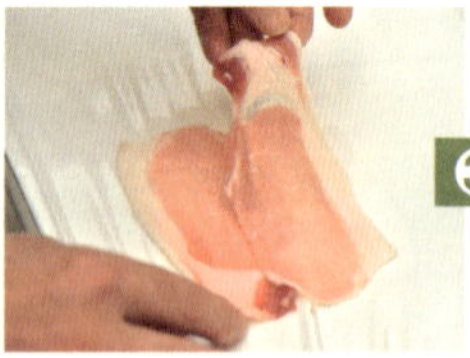

③

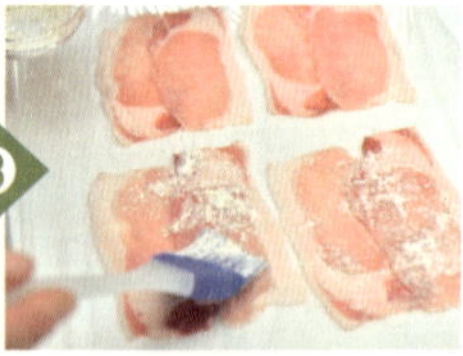

作り方

❶ ウンチェーは茎の固い部分を切り落とし、塩を加えた熱湯に茎側から入れて1分ゆでたあと、冷水でさましてから固くしぼる。
❷ ❶は7～8cmの長さに、3色のパプリカはタテに幅5mmほどの細切りにする。
❸ 豚薄切りロース肉は❷の野菜の幅になるよう広げて2枚1組にし、幅の広い側とせまい側を合わせ、塩を振って小麦粉をまぶす。
❹ ❸に❷をのせてくるくる巻き、サラダ油をひいたフライパンで巻き終わりから焼き始める。
❺ 全体がキツネ色になったら半分の長さに切り、中華ドレッシングを付けていただく。

チャンプルーをはじめウチナー料理では定番野菜のウンチェー。
年中とれる葉野菜として大活躍してくれます。

スイスチャード

■スイスチャード栽培カレンダー

種まき 11月～6月

10月	11月	12月	1月	2月	3月	4月	5月	6月	7月	8月	9月

収穫 種まきから20～60日

長〜いお付き合い

スイスチャードは収穫しても
すぐにまた次の葉が出るので
長いこと楽しめます。
常に植えておきたい野菜です。

食べる時はゆでるのを忘れずに

いつでも採れるのが強みのスイスチャードですが、古くなった葉はシュウ酸が多くなり、苦みやえぐみが強くなりますので、ゆでてから調理しましょう。ゆでることで茎の色は抜けますが、短時間で処理すれば色も残りやすくなりますよ。

カラフルな茎が美しいスイスチャードは南ヨーロッパが原産地。イタリアのシチリア島では紀元前から栽培されており、中国を経て日本に伝わりました。

最初に日本に入ってきた種類は葉の小さなものでしたが、明治時代になると茎が白く葉が大きい西洋種が導入され、その後に色鮮やかな茎をもつスイスチャードが入ってきました。

準備するもの

❶

❷

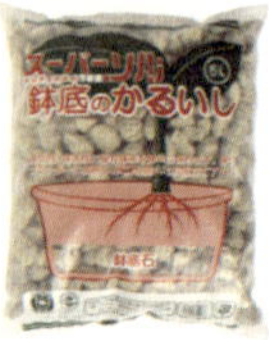

❸

❹

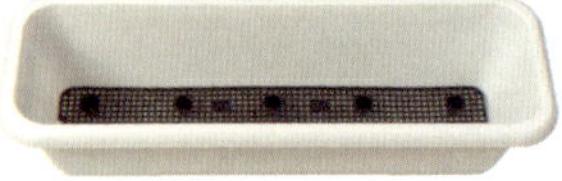

❺

❶ スイスチャードの種
❷ 葉もの野菜用の配合土
❸ 鉢底石
❹ 液体肥料（N8・P8・K8）
❺ プランター
（深さ18cmほど、長さ60cm ほど、容量22ℓ以上）

準備・種まき 1

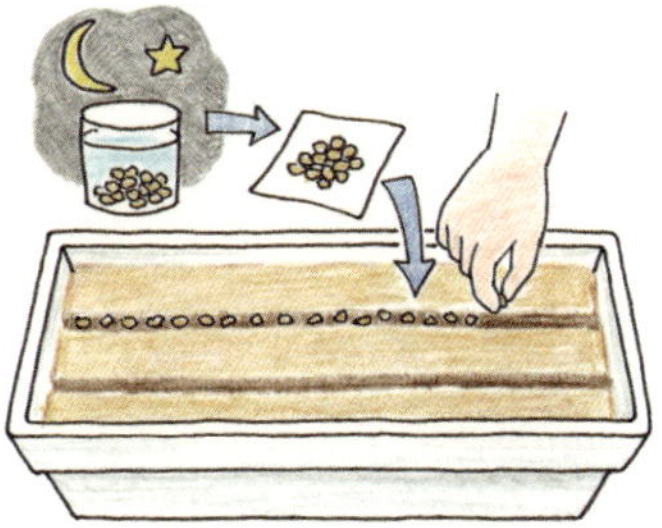

種は一晩水に浸け、軽く水を切っておく。プランターに種をまくための溝（深さ1cmほど）を2本作り、種をパラパラとまいた後、軽く土をかぶせて水をやる（種はまき過ぎないよう注意）。

間引き 2

本葉がでたら間引きをはじめ、本葉が3〜4枚のころには株間が5〜6cmになるようにする。本葉が5〜6枚になったら株間15〜20cmになるよう間引き、株もとには土を寄せておく（間引きした葉はベビーリーフとして楽しめる）。

管理・追肥 3

土の表面が乾いたらたっぷりと水をやる。最後の間引き後、2週間おきに薄めた液体肥料を施す（窒素肥料が多いと病虫害の発生が多くなる傾向があるので控えめに）。

収穫 4

草の丈20〜25cmになったら収穫。外側の葉からかき取って収穫すると、長い間収穫できる。

四季を通して葉が絶え間なく出るので「不断草（ふだんそう）」と呼ばれており、地域によっては「うまい菜」「唐（から）ちしゃ」「常菜（とこな）」とも呼ばれています。

暑さと乾燥に強く栽培しやすいため、沖縄でも戦後、野菜が少なかった時期によく食べられていました。方言名では「ンスナバー（ウンスナバー）」と呼ばれていますが、これは加熱すると「ンス」（味噌）のように見えることに由来していると言われます。

シュウ酸（あくの成分）が強いので、スイスチャードを調理する際は、ゆでた後に水にさらしましょう。チーズや牛乳など、カルシウムを含む食品と一緒に調理するとシュウ酸の影響を受けにくくなり、尿路結石の予防につながる食べ方になると言われています。

βカロテンやビタミンEを多く含み、見た目にも楽しいスイスチャード。保存の際は新聞紙でくるみ、立てて野菜室に入れるか、ゆでて冷凍しておくといつでも使えて重宝します。

スイスチャードのクレープ巻き

緑色の葉やカラフルな茎を生かした初夏らしい一品。かわいいワックスペーパーでキャンディー包みにすると、ピクニックやお弁当にも最適です。

材料（8本分）

クレープ
- スイスチャード（葉）…100g
- 豆乳…1カップ
- 薄力粉…80g
- 卵…1個
- コンソメ（顆粒）…小さじ1/2
- 粉チーズ…小さじ2
- オリーブオイル…大さじ1
- 塩コショウ…少々
- サラダ油…適量

ソース
- マヨネーズ…大さじ4
- カレーパウダー…小さじ1/2

具材
- スイスチャード（茎）…100g
- ほかにキュウリ、レタス、
- ツナ缶、チーズなど

作り方

1. スイスチャードは茎と葉を切り分け、さっと塩ゆでして冷水にさらす。
2. 1の葉は固くしぼり、豆乳と一緒にミキサーにかける。
3. 1の茎は薄く・長く斜めに切る。キュウリやレタスも刻んでおく。
4. 2とクレープの材料の残りをすべてをボウルに入れ、ダマにならないように混ぜ合わせる。
5. 中弱火で熱したフライパンにサラダ油をひいて粗熱を取り、4を薄くのばしてオモテ1分、ウラ1分焼く。
6. 5にソースを塗り、3と残りの具材をのせて両端を折り畳みながら巻く。

カラフルな茎が目を引くスイスチャードは
育てやすい上に長く収穫できるのが魅力。
夏のビタミン補給源としても有効です。

モロヘイヤ

種まき 6月〜10月中旬

6月	7月	8月	9月	10月	11月	12月	1月	2月	3月	4月	5月

収穫 7月〜11月

夏バテよ、さようなら

モロヘイヤの青々とした葉には
カロテンもビタミンもたっぷり。
炒めてよし、和えてよし、
いろんな食べ方を工夫してみよう。

寒さと乾燥には気を付けて

夏の野菜であるモロヘイヤは暑い盛りでも育てやすく、ひと月ほどで収穫できるすぐれもの。その半面、寒さと乾燥には弱いので、保存する時は新聞紙にくるんでポリ袋に入れ、野菜室に立てて入れましょう。

モロヘイヤはアラビア語で「王様の野菜」という意味。古代エジプト時代、重病の王がモロヘイヤのスープを飲んで治ったという話や、王族以外には食べることが禁じられていたという話に由来しています。

　モロヘイヤのヌルヌルとした粘りは「ムチン」という水溶性の食物繊維で、便秘の改善、コレステロール低下作用のほか、肥満や糖尿病予防、大腸

準備するもの

❶

❷

❸

❹

❶ モロヘイヤの種
❷ 葉もの野菜用の配合土
❸ 鉢底石
❹ 液体肥料（N8・P8・K8）
❺ 育苗箱
❻ プランター（深さ20㎝以上）

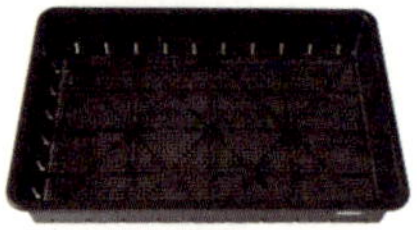
❺

❻

1　種まき

種は一晩水に浸けておく。育苗箱の土を平らにした後、5cm間隔で深さ1〜2cmほどのまき溝をつけ、1カ所に2〜3粒の種をまき、薄く土をかける。

2　間引き

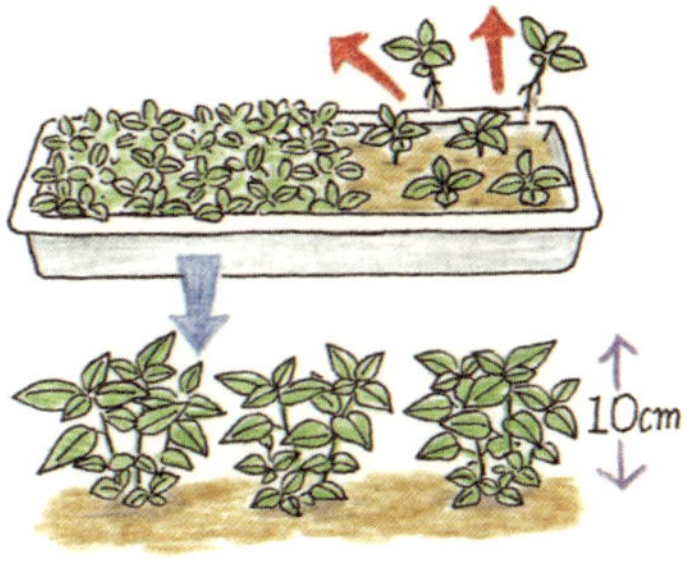

本葉が4〜5枚のころ間引きをし、草丈7〜10cmになったら1本立ちにする。

3　植えつけ・摘心・追肥

草丈10cmほどに育ったら、プランターに株間20〜25cmで植え替える。25cmほどに生長したら、主枝の先を摘み側枝を育てる。月に1〜2度液肥を与える。

4　収穫

草丈が50cmほどになったら、柔らかい葉先を収穫する。

【注意!】種やさやは食べないよう気を付けましょう。

ガン予防など、生活習慣病の予防効果が期待されている成分です。

　モロヘイヤのカロテンはホウレンソウの4・6倍、ブロッコリーの19倍。カルシウムはホウレンソウの9倍、ブロッコリーの10倍も含みます。エネルギー代謝をサポートするビタミンB1、B2はホウレンソウの5倍もあり、とても栄養価の高い野菜です。しかし、花が咲いた後の種やさやには「ストロファンチジン」という強心作用のある成分が含まれているので、誤って食べないよう十分気を付けてください。

　食品安全委員会の報告によると『ストロファンチジン』は収穫期並びに蕾（つぼみ）発生期の葉、茎、根、蕾の各部位には含まれず、野菜としてのモロヘイヤ、モロヘイヤ健康食品、モロヘイヤ茶などからも検出されていない」とのことですので、売り場に並ぶものは心配ありません。収穫の時期と種やさやには気を付けながら、夏バテ予防に役立つ健康野菜を楽しみましょう。

モロヘイヤの夏バテ予防スムージー

王様の野菜、モロヘイヤを丸ごといただきましょう。
トロピカルフルーツのおかげでぐっと飲みやすくなります。

モロヘイヤやバナナの粘りが生み出すトロッとしたのどごし。豆乳の量を加減してお好みの濃さでどうぞ。

材料 2杯分（400cc）

- モロヘイヤ（葉のみ）…20g
- パイナップル …100g
- 完熟バナナ …1本（150g）
- 豆乳…150cc
- 水…50cc

作り方

❶ モロヘイヤの葉はきれいに洗って水気を取る。
❷ パイナップルとバナナは皮をむき、ざく切りにする。
❸ ❶❷と豆乳、水をミキサーに入れる。
❹ なめらかになるまで撹拌（かくはん）する。
❺ グラスに注ぎ、氷を加える。

暑い中でもすくすく育つモロヘイヤは、
葉野菜が少ない時季の強い味方。
もりもり食べて夏を乗り切ろう！

ニガナ

■ニガナ 栽培カレンダー

1月	2月	3月	4月	5月	6月	7月	8月	9月	10月	11月	12月

植え付け：4月～8月

収穫：1月～3月、5月～12月

苦みばしった「大人の味」

野生種のニガナは苦みが強く
あまり好まない人もいますが
栽培種のニガナはマイルド。
さわやかな苦みが魅力です。

「シンジムン」として活用されたニガナ

「良薬口に苦し」のことわざ通り、ニガナ（ホソバワダン）はインフルエンザの薬として煎じ物（シンジムン）にして飲ませたり、腫れ物に貼ったりと民間療法でも活用されました。胃腸を整える効果もあります。

白

和えやイカスミ汁の具としてお馴染みのニガナは、レタスやハンダマと同じキク科の野菜。方言名は「ンジャナバー」。海（＝わだ）の近くに自生していたことから、和名では「ホソバワダン」と呼ばれます。近年では「オオバワダン」という大型の栽培種の方が多く出回っており、苦みもマイルドです。

もともと沖縄の環境に向いていて、

準備するもの

❶ニガナの苗（2つ）
❷大型プランター（深さ30cm以上）
❸野菜用の配合土
❹化成肥料（N8・P8・K8）
❺鉢底石
❻敷き草
❼遮光ネット

植え付け 1

プランターに鉢底石を敷き配合土を入れる。株間を30cmほど取って苗を植え、土が隠れるよう敷き草で覆い、水をたっぷりかける。

かん水、施肥 2

植え付け後は土が乾燥しないように多めに水やりをする。1カ月ほどたったら株元から少し離した場所に肥料を少量施し、以後も1カ月おきに肥料を与える。

管理（下葉のかき取り・遮光） 3

植え付け後3カ月ほどたったら、生育の悪い下葉や病葉、枯れ葉などをこまめにかき取る。気温が高い時期は日陰に移動し、陽射しの強いベランダで育てる時は遮光ネットをかける。

4 収穫

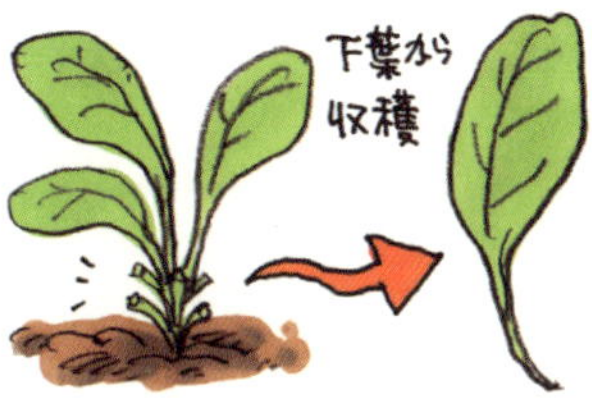

葉が30cmほどに成長したら収穫可能。成長の度合いによっては植え付けから1カ月ほどで収穫できる。新しい葉を常に3枚は残し、下葉から1～2枚かき取る。

簡単に栽培できる野菜ですが、気温が15度以下になる冬場や、逆に35度を超えるような暑さになると生育が悪くなり、枯れてしまうこともあります。

夏場のプランター栽培では、こまめな水やりや温度管理が必要です。特に陽当たりのいいベランダは輻射熱（ふくしゃねつ）によって気温が高くなりがちですので、遮光ネットをかけるなどして適度な温度に保ちましょう。

ニガナには、カロテンやカリウム、カルシウム、マグネシウム、ビタミンC、鉄分などが含まれます。茎や葉を切ると乳白色で強い苦みを持った汁が出るため、調理の際は水でさらしがちですが、この苦み成分は高い抗酸化力を持つポリフェノールやチコリ酸などのファイトケミカル。生活習慣病予防に役立つ成分としての研究も進んでいるので、水にさらす際は短時間にし、うまみのある食材や甘みを足したり、加熱したりして適量を上手に取り入れていきたいものです。

ニガナのごまみそ炒め

みその風味とごまの香ばしさが
ニガナのほろ苦さとマッチして、
お子さんもモリモリ食べられます。
ご飯との相性もバッチリ!

和え物として小鉢でいただくくらいだったニガナも、夏バテ知らずのスタミナメニューに変身。これならたっぷり食べられますね。

材料（4人分）

- ニガナ…120g
- 豚ロース肉（薄切り）…150g
- ニンジン（赤・黄）…各40g
- パプリカ（赤・黄）…各40g
- ニンニク（みじん切り）…約10g
- ショウガ（千切り）…約10g
- ごま油…大さじ1
- 白ごま…適量

みそだれ

- 合わせみそ…大さじ3
- みりん…大さじ1
- すりごま…大さじ1
- グラニュー糖…小さじ2〜大さじ1

＊みその塩分量で調整

作り方

1. ニガナはざく切りにして茎と葉を分け、豚ロース肉は一口大に、ニンジンとパプリカは短冊に切る。
2. フライパンにごま油を熱してニンニク、ショウガ、豚ロース肉、ニンジンの順に炒める。
3. 火が通ったらパプリカとニガナの茎を加えて炒める。
4. ニガナの葉を加えてさっと火を通す。
5. みそだれを回しかけて香ばしく炒め、皿に盛り付けて白ごまを散らす。

沖縄に自生するニガナは育てるのもラクラク。苦みを上手に取り入れながらたっぷり食べて、夏を乗り切りましょう。

ラディッシュ

ラディッシュ栽培カレンダー　　　栽培適温 25℃～30℃

1　2　3　4　5　6　7　8　9　10　11　12

種まき（3～5）　収穫(春)（4～6）
種まき（9～11）　収穫(秋)（10～12）

せっかちさんにピッタリのやさい

ラディッシュは別名「二十日大根」。ピンポン玉よりも小さいけれどカブではなくダイコンの仲間です。カリッとかじれば分かるはず。

種をまいて3日目

かわいい双葉が顔を出しました。まだ葉っぱに種の帽子をかぶっているものもチラホラ

種をまいて15日目

本葉が4～5枚になり、根に近い部分は赤紫色に。5cm間隔になるよう間引きします

ラディッシュ（二十日大根）の学名「ラファヌス」は、ギリシャ語で「早く育つ」という意味だとか。古代エジプト時代に食されていた記録も残されており、もともとヨーロッパに生息していた野生種が起源とされています。日本へ渡来したのは明治以降。「赤カブ」と呼ばれることもありますが、ラディッシュはカブの仲間ではなくアブラナ科ダイコン属です。カリッとかじってみると、まぎれもなく大根

準備するもの

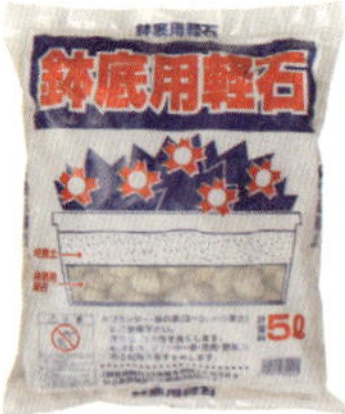

①

②

③

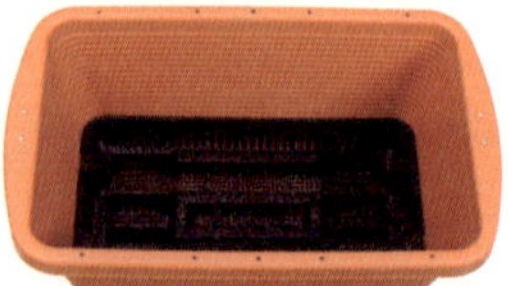

④

⑤

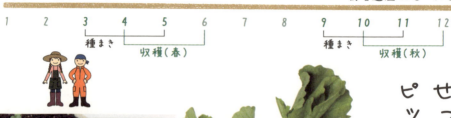

① 鉢底用の軽石
② 野菜用肥料（発酵油かすなど）
③ 培養土（お店の人のオススメを）
④ プランター（20cm以上の深さがあるもの）
⑤ 種（暑さに強い「バードランド」がおすすめ）

1 種まき

肥料を混ぜた土にすじを入れ、くぼみに種をまく。

2 水まき

薄く土をかぶせて軽く押し、たっぷりと水を与える。

3 間引き

本葉4～5枚のころに5㎝間隔になるよう、混み合ったところを間引きする。

4 収穫

種まきから25～40日後、根の直径が2～3cmになったら収穫する。

の辛みと苦みが口中に広がるので分かります。この辛み成分は「イソチオシアネート」といって、がん発生の抑制効果のほか、消化を助ける作用、食欲増進効果、血栓の予防作用、殺菌作用などが期待されています。赤い色素であるアントシアニンには、赤ワインやナスと同じく活性酸素を抑制する働きがあるんですよ。

　ほかの栄養成分も大根とほぼ一緒で、ビタミンCや消化酵素のジアスターゼを含んでいます。葉の部分にはビタミンA・C・Pのほか、カルシウムもたっぷり。自宅で育てて、葉ごと料理に使っていただきたい野菜です。

　ラディッシュは涼しい時期が育てごろなのですが、「バードランド」という品種は残暑がきびしい沖縄でも大丈夫。さあ、運動会のおべんとうに自家製ラディッシュが添えられるよう、今から種をまきましょう！

ちょっぴり大人味♥焼きラディッシュのバーニャ・カウダ風

バーニャ・カウダは、北イタリアの冬の料理。アンチョビやニンニク、オリーブオイルを混ぜたディップソースに野菜を浸していただきます。秋の夜長、お酒の肴にもピッタリですよ♪

作り方

❶ ラディッシュは半分に切り、両面をバターで焼いて塩コショウをしておく。
❷ ニンニクは芯を取り除き、水から煮て2回ゆでこぼし匂いをとる。[写真A]
❸ 手鍋に水気を拭いた❷とオリーブオイルを入れ、中火で加熱。アンチョビは刻んでおく。
❹ 油の音がしてきたら弱火にしてアンチョビを入れ[写真B]、焦がさないように熱を通して火を止める。

A

B

❺ 冷めたら生クリームを加える。[写真C]
❻ ❺をミキサーで30～40秒ほど撹拌し、塩コショウで味を調える。[写真D]

C

D

材料（4人分）

- ラディッシュ…8個
- バター…適量

〈バーニャ・カウダソース〉
- ニンニク…7～8片
- オリーブオイル…50～60cc
- アンチョビ…瓶詰フィレ3～4枚
- 生クリーム…50cc
- 塩コショウ…少々

灼けつく暑さの夏がすぎたら、人もやさいも〔ほっ〕と一息。秋はプランターに種をまきましょう。二十日大根という別名をもつラディッシュなんかどうでしょう。

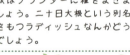

じゃがいも

麻袋でつくるじゃがいも栽培カレンダー　　栽培適温 15℃〜20℃

1	2	3	4	5	6	7	8	9	10	11	12
収穫								植付け			

ベランダでいも掘りしましょ

男爵芋やメークインのほか、近年は皮や肉質が色鮮やかな珍しい品種も登場しています。好きな品種を選んで育てましょう。

❶

鉢替わりに麻袋を用意

じゃがいもなどの根菜類をベランダで栽培するには、30cm以上の深さのある鉢やコンテナが必要。その代わりになるのが大きな麻袋。袋口を折り返して深さが調整できるうえ、通気性や排水性もバツグン。麻袋はホームセンターなどで販売しています。

❶麻袋（幅5cm×長さ50cm以上）

準備するもの

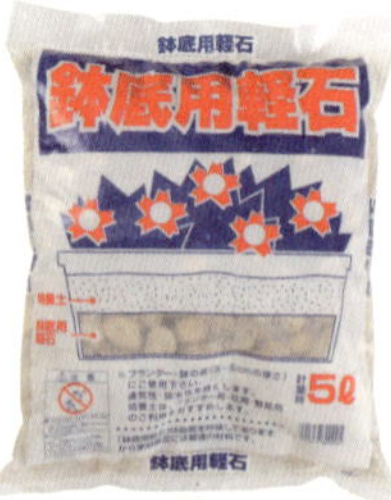

❷

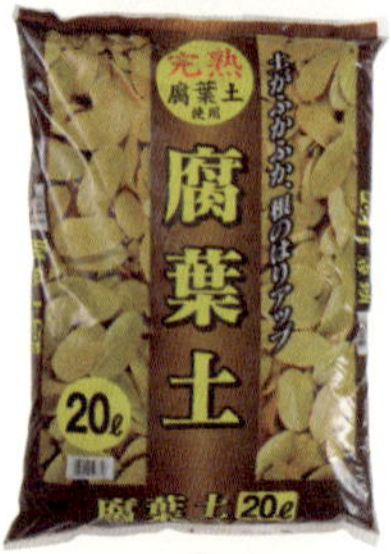

❸

❷ 鉢底用軽石
❸ 腐葉土
（お店の人のオススメを）
❹ 化成肥料
（チッ素10・リン酸10・カリウム10に近いもの）
❺ 小ぶりの種イモ
（検定済みのもの）

❺

＊袋口が小さい場合は1個にしましょう

❹

ポテトサラダやシチューなど食べ方多彩なポピュラー野菜のじゃがいもは、「イモ」と呼ばれつつ実はトマトやピーマンと同じナス科の植物だってご存知でしたか？

フランスでは「大地のりんご」といわれるほどビタミンの宝庫で、免疫力を高めるビタミンCの含有量はなんとりんごの約5倍。さらにそのビタミンがでんぷん質に包まれているため、保存が利くうえに加熱しても壊れにくい

1 麻袋に土を入れる

袋の底に排水のための穴を6～8カ所開けて鉢底石を敷き、化成肥料を混ぜた腐葉土を20cmほど入れる。

2 植え付け

種イモを土の上に置いて5cmほど土をかぶせ、芽が出たらさらに10cmほどかぶせる。発芽までは水やりを控え目に。

3 芽かき

2週間後10～15cmに成長したら、太い茎を2本残し、残りの茎は根元を押さえて引き抜いておく。

4 増し土

新イモができる50日目前後に、袋口の折り返しを広げて土を10cmくらい足す。植付けから約3カ月後、葉や茎が黄色く枯れてきたら収穫。

という特長があるのです。

皮部分に含まれるポリフェノールの一種、クロロゲン酸はガン予防に効果があるといわれ、もっか大注目。今回はそんな栄養満点のじゃがいもを、麻袋を使って栽培してみましょう。一見難しそうですが、植付け時期と増し土のポイントを押さえれば、ビギナーでも失敗が少なく栽培しやすい野菜のひとつです。

じゃがいもの生育適温は15度から20度。そのため沖縄では秋植えか冬植えが適しています。根菜類は土中深くで根や茎が肥大していくため、成長ごとに麻袋の口を広めて、子イモに光が当たらないように土を多めに追加していく（増し土）ことが栽培のポイント。光が当たって表面が緑色になったじゃがいもは、苦みやえぐみ成分が発生しているので食べないようにしましょう。

普段はなかなかお目にかかれない、収穫前に咲く真っ白な花もぜひ鑑賞してみましょう。

モチモチ じゃがいもの シチリア風

ホクホクした食感の男爵イモを
彩り野菜とシーフードたっぷりの
シチリアソースで
おしゃれに飾りましょ♥

調理のワンポイントアドバイス!

じゃがいもは男爵系を選び、焦がさないように弱中火でゆっくり焼きましょう。使う塩によって分量が違いますので、塩はお好みで。トッピングの野菜をカラフルにすれば、おしゃれ感も栄養価もアップ。

作り方

1. ソースの具材は一口大に切り(写真A)、分量の調味料と合わせ、冷蔵庫で冷やしておく。
2. じゃがいもは3センチくらいの大きさに切り、水からゆで(写真B)、水気をきる。

A

B

3. ❷を潰し(写真C)、常温で柔らかくしたクリームチーズと片栗粉を加え、味を調えておく。
4. ❸を直径3センチほどの円形にし、片面にニンニクをつける(写真D)。

C

D

5. フライパンにオリーブ油を入れ、❹を弱火でこんがり焼き目がつくまで焼く(写真E)。
6. 皿に焼いた❺を載せてシチリアソースをかける(写真F)。

E

F

調理のワンポイントアドバイス!

バルサミコ酢とはちみつを煮詰めたソースでも美味しくいただけます。

材料(4〜3人分)

- じゃがいも…2個(約300g)
- クリームチーズ…60g
- 片栗粉…大さじ3弱
- 塩…小さじ1/2
- ニンニク・コショウ…適量

シチリアソース材料

- トマト(赤・黄)…各6個
- エクストラバージンオイル…大さじ2
- 酢もしくはシークァーサーの汁…小さじ1/2
- 塩・コショウ…適量
- ボイルエビやケッパー、イタリアンパセリ、ドライフルーツ、お好みの具を適宜

ごろんとしたルックスになごみ系のほっこりやさしい風味。
煮ても焼いてもふかしてもおいしいじゃがいもを今回は麻袋で栽培してみましょう。

タマネギ

タマネギ栽培カレンダー

栽培適温 15℃～25℃（20℃前後が最適）

4月	5月	6月	7月	8月	9月	10月	11月	12月	1月	2月	3月
						植えつけ	植えつけ		収穫	収穫	

冬が待ち遠しくなる 甘～いタマネギ育てましょ

秋が近づくと
タマネギの子球が
お店に出回ります。
冬は自家栽培の
とれたてタマネギで
あったかメニューなど
いかがですか？

良いタマネギの見分け方

ハリがあり、持ってみてずっしりとしているもの。上部が固く締まっているもの。

タマネギの子球

タマネギの子球は形も大きさもさまざま。
冬が来るまで土の中で栄養をたくわえ、すくすく育ちます。

準備するもの

1. タマネギの子球
2. 大型プランター
3. 鉢底石
4. 野菜用培養土
5. 化成肥料

タマネギの球状の部分は、根や茎ではなく、ほとんどが「葉」の部分ということをご存知でしたか？正確には「鱗葉（りんよう）」といいます。筒状緑の内側部分が葉の「表」に当たります。紀元前のペルシャでは、タマネギは一種のお札として使われ、エジプト王朝時代には祭壇に供えられるほど神聖なものでした。ギザのピラミッド建築時には強壮剤の役割も果たしていたようです。日本では明治以降、北海道開拓により栽培がスター

1 土の準備

培養土10ℓあたり化成肥料を20g混合しプランターに入れる。

2 子球の植えつけ

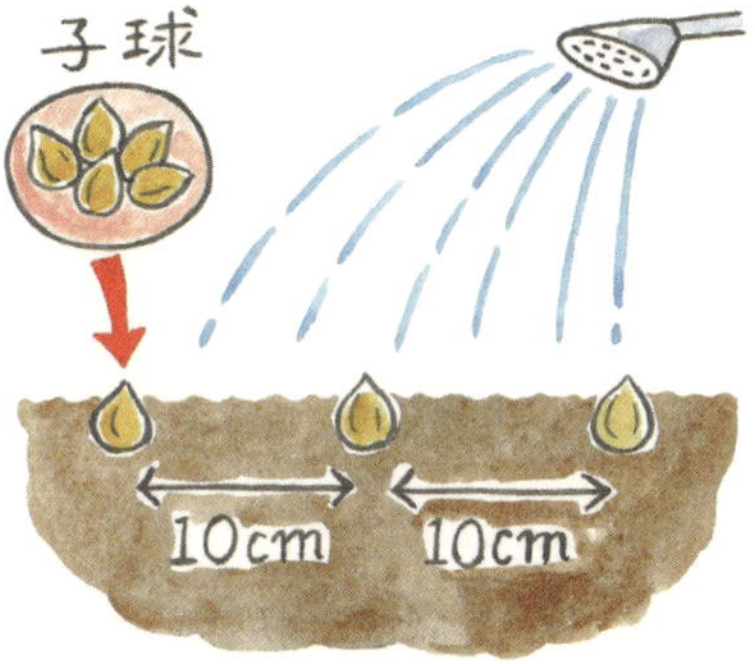

10cmほどの間隔で子球の頭が土からのぞく程度に植え、水をたっぷりやる。

3 管理

日当たりの良い場所に置き、鉢土の表面が乾いたら鉢底から流れるほど水をやる。発芽後1か月目と根元がふくらみ始めた時期に肥料を大さじ1杯施す。

4 収穫

まっすぐだった緑の葉が半分くらい倒れたら収穫。

ト。大阪にも導入されましたが普及せず、「泉州黄（せんしゅうき）」という品種がコレラに効くというデマが流れたことで世に知られるようになりました。

それほどパワーが信じられてきたタマネギ。特徴的な辛味と刺激の成分である「硫化アリル」には、血液をサラサラにしたり、悪玉コレステロールを減少させる効果が期待できるため、生活習慣病の予防にも役立ちます。硫化アリルは揮発するときに目にしみますが、切る前に冷蔵庫で冷やしたり、切れる包丁を使うことで軽減できます。

新タマネギは水分が多いので、早めに食べるか冷蔵庫で保存しますが、皮が黄色いタマネギは吊るしておくと休眠状態になり日持ちします。冷蔵庫に入れると湿度や水滴で目を覚まし発根してしまうので、涼しい場所でネットの「ゆりかご」に入れ、「寝た子を起こさない」のが保存の秘訣です。

この秋は不思議な野菜、タマネギの魅力を味わってみませんか？

楽チン!

新タマネギのカレーチーズ蒸し

新鮮なタマネギで作るお手軽レンジ料理はタマネギの甘さにチーズのコクが加わって爽やかなのにボリューミーな美味しさ。油も使わないのでとってもヘルシーです。

万能選手とはいえあまり表に出ないタマネギも、この料理では主役。カレーの風味がタマネギのうまみを引き立て、「タマネギってこんなに美味しいんだ」と驚くことうけあいです。

材料（2人分）

- タマネギ…2個　• 固形コンソメ…1個
- 水…約500cc（※耐熱容器の大きさによる）
- 塩…少々　• コショウ…適宜
- カレーパウダー…少々　• とけるチーズ…100g
- パセリまたはバジル…適宜

みずみずしい甘さとピリッとした辛さ両方を備えたタマネギはどんな料理にも使える万能選手。いつでも使えるように育ててストックしておきましょう

作り方

1. タマネギは上下を切り落とし、十文字の切り込みを半分の深さまで入れる。
2. 耐熱容器に❶を並べ、砕いた固形コンソメを上にまぶし、容器の半分くらいまで水を注ぐ。

3. フタまたはラップをして電子レンジ600wで10分ほど加熱する。
4. カレーパウダー、とけるチーズをかける。お好みでパセリかバジルのみじん切りもどうぞ。

ミニキャロット

小さくても栄養たっぷり ニンジンのおいしさ再発見

秋から冬にかけて
すくすく育つミニキャロットは、
葉っぱもおいしく食べられるので
食卓への一品追加に最適です。

おいしいニンジンの見分け方

皮にでこぼこやひげ根が少なく、つやと張りがあるもの。葉のついていた部分が黒ずんでおらず、芯が細いものがおすすめです。

ミニキャロット栽培カレンダー　栽培適温　15℃～25℃

10月	11月	12月	1月	2月	3月	4月	5月	6月	7月	8月	9月
種まき	種まき	種まき	種まき	種まき	種まき						
		収穫	収穫	収穫	収穫	収穫	収穫				

ニンジンの原産地はアフガニスタンで、セロリやパセリと同じセリ科の野菜。根を食べる野菜の中では珍しく緑黄色野菜に分類されます。

ニンジンのオレンジ色はカロテンによるもの。カロテンの名は英語のキャロットに由来し、皮の部分に2倍も多く含まれます。β-カロテンは体内でビタミンAに変わり、皮膚や粘膜の抵抗力を高め、風邪予防や美肌作りに効果的です。また造血作用もあるので貧血や冷え症の予防にも役立ちます。約

準備するもの

1

2

3

4

1. ミニキャロットの種
2. 根菜類用の配合土
3. 化成肥料(N8・P8・K8)
4. プランター(容量15～20ℓ)

1 タネまき

株間5〜6cm、深さ1cmほどの穴を10〜15あけ、それぞれ4〜5粒の種をまく。

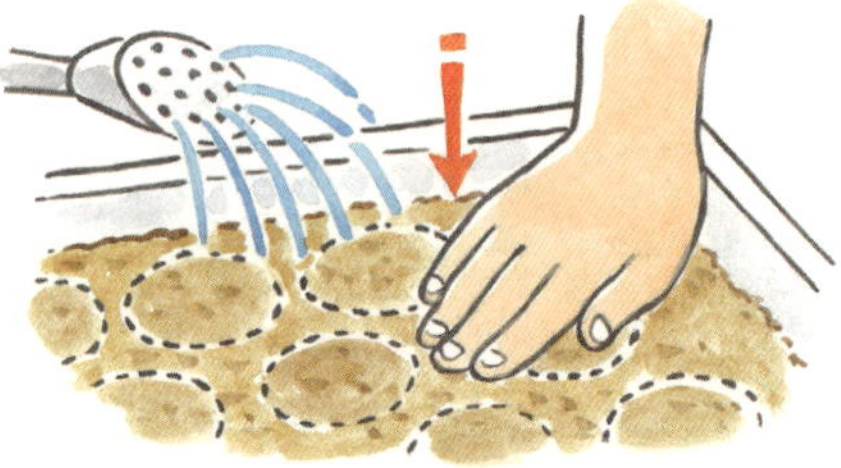

2 覆土（ふくど）

うすく土をかぶせた後、軽く手で上から押さえて土と種を密着させ、まんべんなく水をかける。8〜10日ほどで発芽。

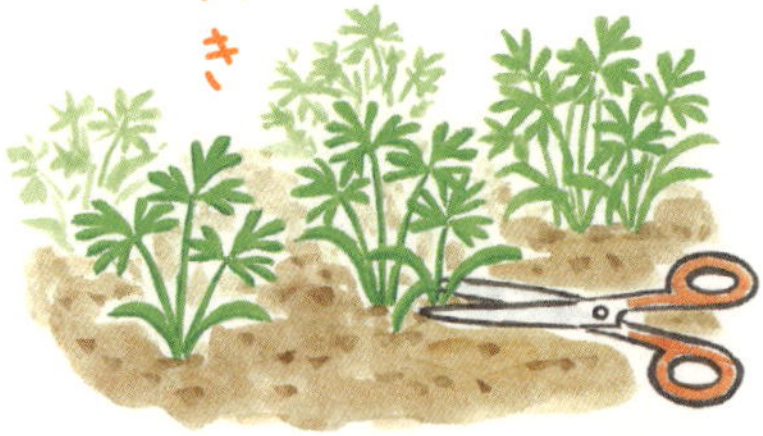

3 間引き

20〜22日ほど経ち、葉が4枚になった頃、それぞれのまき穴の中で一番元気な芽を1本残して、ハサミで根元から切る。

4 収穫

60日頃から根が赤く膨らみ、90日ほどで土からニンジンの肩が出て、張り出したようになったら収穫。

50グラム食べれば、成人が1日に必要な量のビタミンAを摂取できるといわれています。

13世紀にアフガニスタンからヨーロッパへ到達したころはさまざまな色がありましたが、15世紀以降にオランダで品種改良され「芯までオレンジ色」のニンジンになりました。日本に入ってきたニンジンはこの西洋系と、中国から渡ってきた東洋系（金時ニンジン）がありますが、現在日本で栽培されているものはオレンジ色の西洋系が主流です。

ニンジンの若葉には根の2倍以上ものビタミンAのほか、ビタミンCやカルシウムも含まれています。風味があるので、油いためやおひたし、あえもの、天ぷらにしていただきましょう。ミニキャロットは生で食べるのがおすすめ。皮ごといただけるのも家庭菜園ならではの良さですね。

保存は水気をふいて新聞紙とポリ袋に包み、冷蔵庫に入れましょう。

ぽかぽかキャロット・ラペ

ラペとはフランス語で「すりおろす」の意味で、ドレッシングと和えたフランス風サラダのこと。生姜を加えることで、寒い季節でも体の中からぽかぽか温まるメニューです。

新鮮なミニキャロットを味わうならサラダが一番。オレンジジュースを入れることで味と香りがフルーティーに。クルミを加えるとアンチエイジング効果がアップします。

材料（2人分）

- ニンジン…150g
（金美ニンジンを半分入れてもよい）
- 生姜…1片（10g） • レーズン…大さじ1
- クルミ（適宜） • 塩（島マース）…小さじ1/2

ドレッシング

- オレンジ搾り汁（ジュースでも可）…大さじ1～1.5
- レモン…大さじ1（レモン1/2個分） • 塩…少々
- オリーブオイル…大さじ1 • ハチミツ…少々

小さくて可愛いミニキャロットはニンジンが苦手なお子さんでも生のままおいしく食べられます。ウサギさんの気持ちが分かるかも？

作り方

1. ニンジンと生姜は細い千切りにする。
2. 1に塩をふって軽くかき混ぜ、しんなりとしたら搾る。

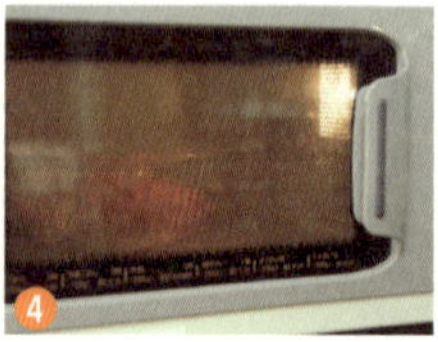

3. 2にドレッシングの材料とレーズンを加え混ぜ合わせる。
4. 3にふんわりとラップをしてレンジで3分加熱。お好みでクルミを加えてどうぞ。

調理のワンポイントアドバイス!

生姜の辛味成分は加熱することで、
体を温める効果がアップします。
一晩置いた頃が食べごろ。

ニンニク

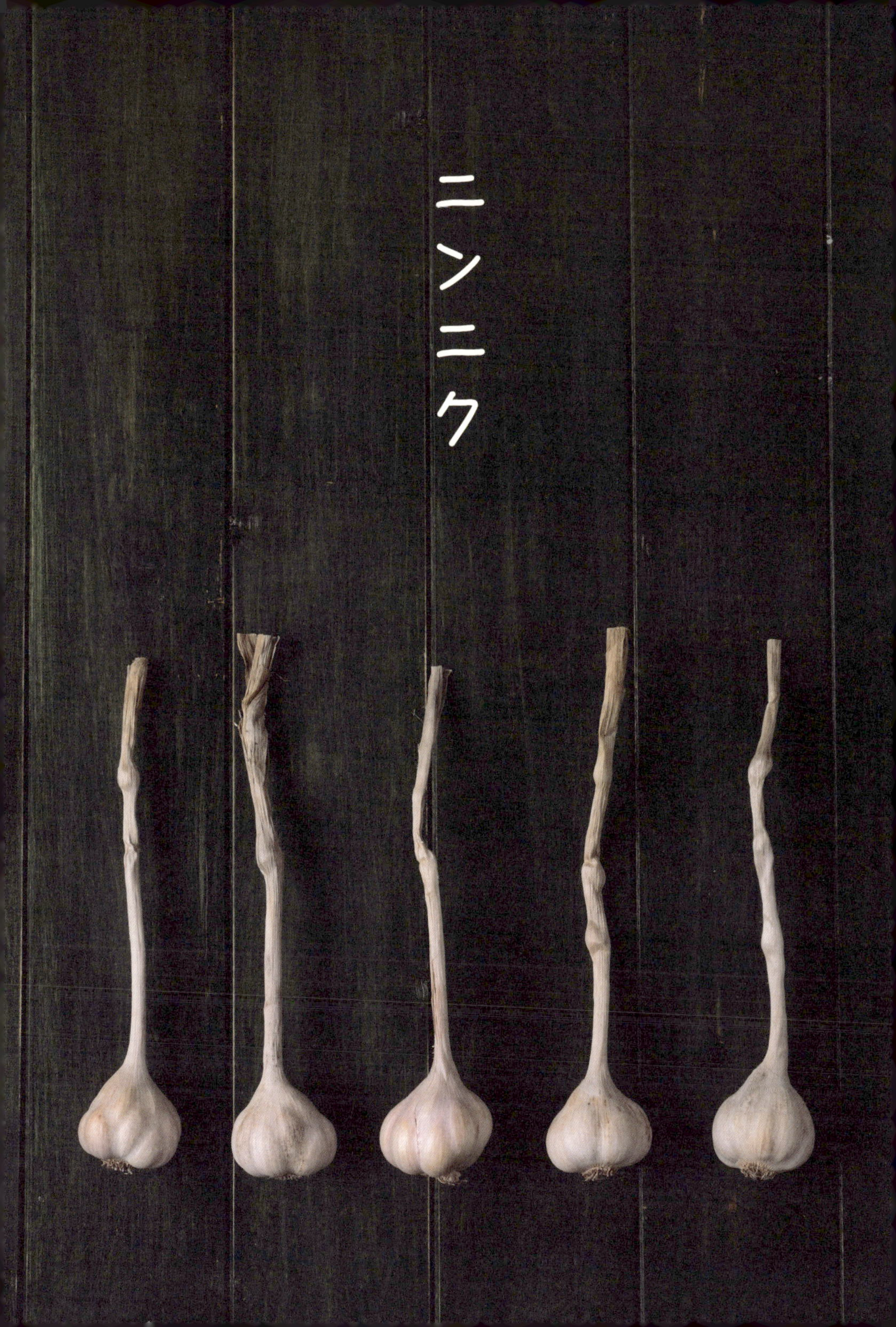

滋養強壮や疲労回復の四番バッターです

ニンニク入りの料理が食欲をそそるのは胃腸の働きを良くする「アリシン」のおかげ。生食の場合は1日1粒を目安にしましょう。

選び方のポイント

結球がかたく、手に持って重みのあるもの。外皮と中身との間に隙間があるものは、水気の抜けた古いニンニクです。

栽培カレンダー

●葉ニンニク　植えつけ（8月下旬～12月）　収穫（10月中旬～4月）

7月　8月　9月　10月　11月　12月　1月　2月　3月　4月　5月　6月

●球ニンニク　植えつけ（9月下旬～11月上旬）　収穫（3月～4月中旬）

ニンニクはタマネギやラッキョウと同じユリ科の植物。中央アジア原産で、紀元前3200年頃には古代エジプトで栽培され、強壮剤として利用されていました。日本には中国を経て8世紀ごろに伝来したようです。

食用のニンニクは発芽抑制処理をしているため、種用のニンニク（種球）を求めましょう。葉ニンニクとして育てる場合は、種球を冷蔵庫（10℃）に

準備するもの

❶ニンニクの種球（在来種か暖地系）
❷プランター（容量10ℓ以上・深さ30cm以上）
❸野菜用の配合土　❹化成肥料（N8・P8・K8）　❺鉢底石

1 植え付け

化成肥料を用土10ℓあたり大さじ2杯混ぜる。りん片（ニンニクの粒）を一つずつ離し、10cm間隔、3～5cmの深さで芽が上になるように土中に挿す。発芽までは日当たりの良い場所で乾燥しないように水やりする。

2 追肥

植え付けしてから2カ月後の生育最盛期に1回目の追肥（1株10gほど）をし、3カ月後に2回目の追肥（1株15gほど）をする。

3 花芽摘み

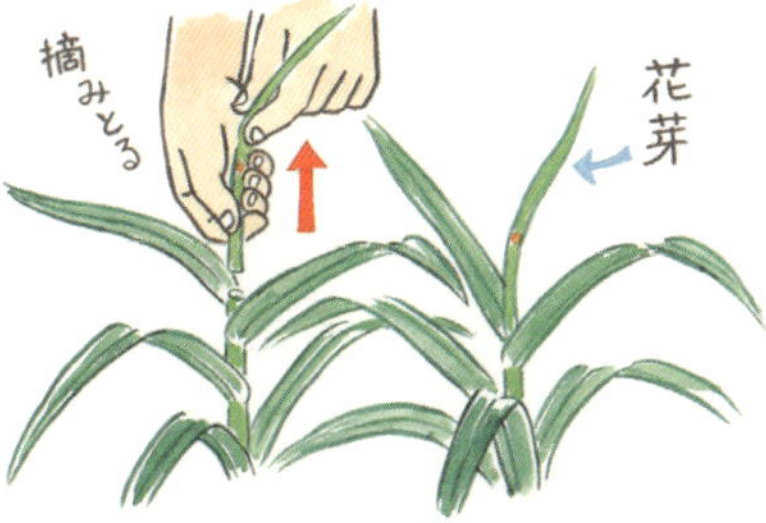

春先に花茎が伸びて花芽がつくとりん茎（球根）の生長が鈍るので、つぼみのうちに摘み取り、りん茎を大きくする。

4 収穫・乾燥

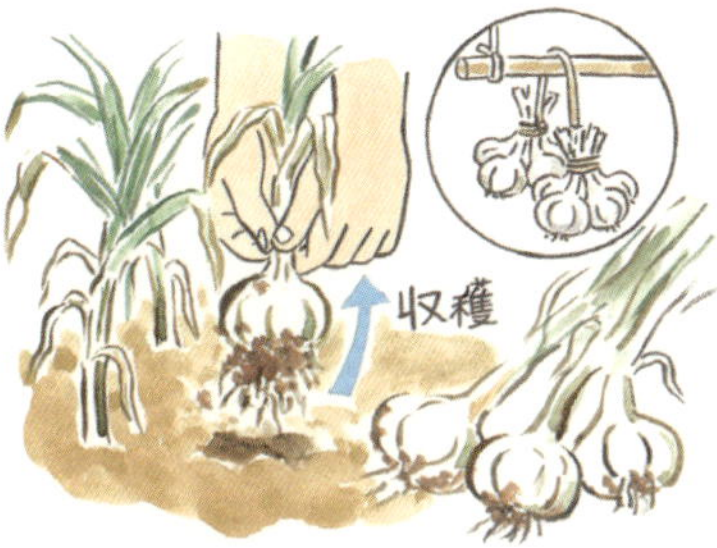

葉ニンニクとして使う場合は、植え付け後70日を目安に収穫。球ニンニクは翌春3～4月に収穫。茎葉が半分ほど黄色くなったら掘り下げ、2～3日陰干しし、軒下で1カ月ほど乾燥させる。

30日間入れておけば8月下旬から植えられます。その処理をしない場合は、9月中旬以降に植えましょう。

りん茎（球根）は寒さにあたらないと肥大しないため、球目的で育てる場合は11月ごろに植えます。その際は、りん片（粒）の大きな種球を選ぶこと。ホワイト種や六片種のような北方系品種は、沖縄には不向きです。

秋に植えてしまえば、追肥以外は特に手入れも必要ありません。葉ニンニクで楽しんだり、茎ニンニクとして利用したり、島唐辛子とともにオイル漬けにしたり、黒糖漬けにしたり…いろいろな楽しみ方ができて重宝します。

ニンニク特有の匂いの元はアリシンという物質で、刻む、すりおろす、つぶすなどすると生成します。アリシンは熱に弱いのですが、油と一緒に調理すると壊れにくくなり、またビタミンB1と結びつくと「アリチアミン」という吸収されやすい物質になります。ビタミンB1を多く含む豚肉と炒めて食べたらバッチリですね！

島ニンニクの黒糖漬け

昔の沖縄の人は、風邪気味になると
黒糖に漬けたニンニクを食べました。
ジンブン(知恵)たっぷりの一品。

粒が小さい島ニンニク。桃色がかった皮はとても薄く、何個もむくのは大変ですが、電子レンジで20～30秒チンすると皮がむきやすくなります。

材料

荒漬け
- 島ニンニク…250g
- 塩…1/4カップ
- 水…1/4カップ

本漬け
- 黒砂糖…180g
- 泡盛…20cc

作り方

❶ 荒漬け用のボウルに薄皮をむいた島ニンニクを入れ、水・塩と混ぜる。
❷ 落としぶた(お皿でも可)に重石を置き、4～5日くらい漬ける。
❸ 荒漬けで出た水をしっかり切り、煮沸した瓶にニンニクを移す。
❹ 黒砂糖とよく混ぜ、泡盛を振りかける。
❺ 半年から1年くらい漬け込んだら出来上がり。

「最近、食欲が落ちてるなぁ」そんな時にニンニクの匂いをかぐとお腹がすいてくるから不思議です。
滋養強壮や疲労回復の味方として古代エジプトでも重宝されたニンニク。暑気が過ぎて涼しくなりはじめたらニンニクを植えてみましょうか。

小カブ

カブの優れた栄養

カブはビタミンCのほか、消化酵素を豊富に含んでいます。葉にもβ-カロテンやビタミンK、カルシウム、鉄などが豊富に含まれるので、すべての部分を有効に使いましょう。

スズナ、スズシロ、ホトケノザ・・・

春の七草「鈴菜」の名で昔から愛されてきたカブ。
胃もたれ、胸やけの改善や
生活習慣病の予防にも力を発揮する野菜です。

■小カブ栽培カレンダー

種まき（11月上旬〜2月下旬）

生育適温：15℃〜20℃

9月　10月　11月　12月　1月　2月　3月　4月　5月　6月　7月　8月

収穫（12月中旬〜4月中旬）

カブと聞くと何となく和風な感じがしますが、ヨーロッパでは紀元前から栽培されていた野菜です。現在はカボチャのイメージが強いハロウィーンの飾りも、もともとはカブで作られていたほど。中国では三国志に登場する諸葛亮（孔明）が遠征時の食糧確保のために種をまくよう指示したことから「諸葛菜《しょかつさい》」と呼ばれたりしました。春の七草のひとつ「鈴菜《すずな》」はカブの

準備するもの

❶

❷

❸

❹

❶小カブの種
❷野菜用の配合土
❸化成肥料（N8・P8・K8）
❹鉢底石
❺プランター
（容量10ℓ以上、深さ30㎝以上）

❺

1 種まき・水やり

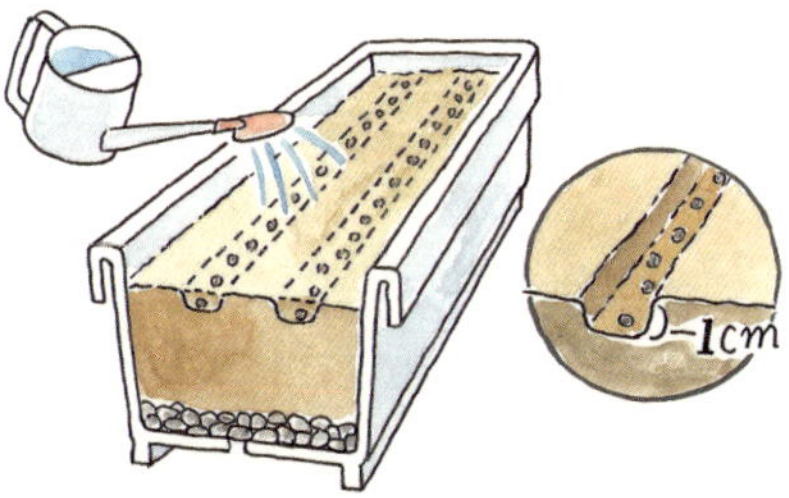

鉢底石を並べたプランターに培養土を入れ、深さ1cmの条を2本つけて1cm間隔で種をまく。厚さ1cmほどの覆土をしてたっぷりと水をやり、その後も表面が乾燥したらたっぷりと水をやる。

2 病害虫対策

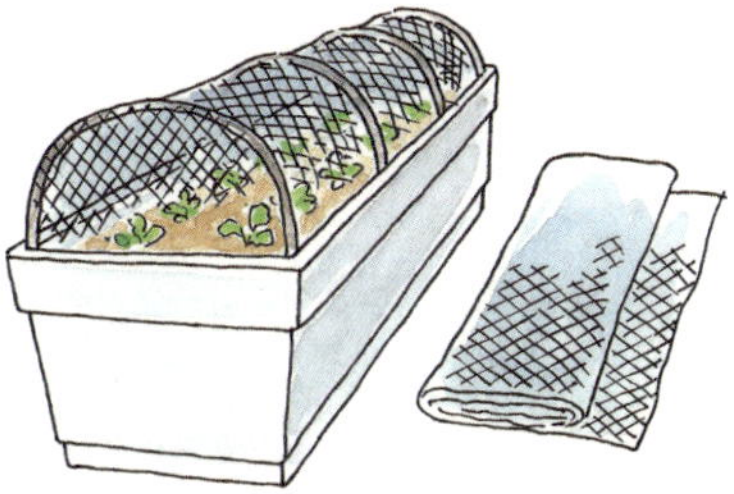

種まき後には目の細かいネットなどで株を覆い、カブラハバチやアブラムシなどの害虫の侵入を阻む。

3 間引き・追肥

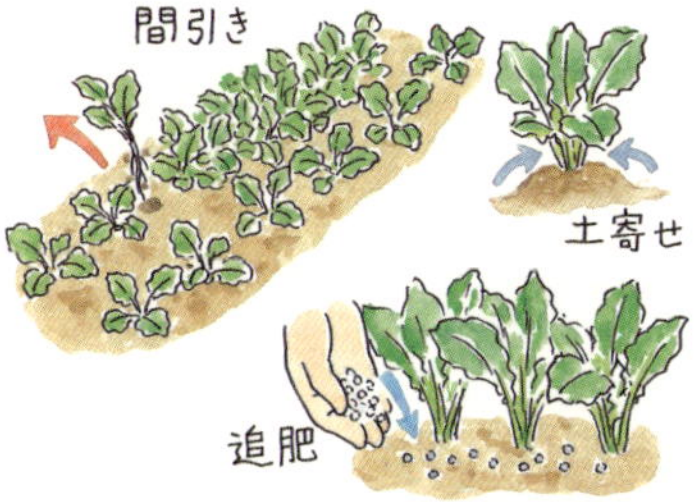

本葉1枚の頃に株間3～4cmとなるよう1回目の間引き。2回目は本葉2～3枚のころに株間5～6cm、3回目は本葉5～6枚のころに株間8～10cmとなるよう間引く。間引き後は根元に土を寄せ、2･3回目の後には追肥する（約10g）。

4 収穫

種まきより50日ほど経ち、直径5cmぐらいのカブが頭を出している状態が収穫の目安。採り遅れはス入りや裂根の原因になるので、適期収穫を心がける。

古名。日本には弥生時代に渡来したと伝えられ、日本書紀には「あをな」の名で栽培が奨励されたという記録が残っています。日本のカブは現在では50品種以上あり、東西で系統が違うといわれます。色、形、大きさなどで大別すると、愛知・岐阜・福井を通る「カブラ・ライン」で分かれます。

カブはビタミンCを多く含み、デンプンの消化を助けるジアスターゼやたんぱく質の消化を助けるアミラーゼなどの消化酵素もあり、胃もたれ、胸やけの改善効果が期待できます。葉の部分には生活習慣病の予防に役立つβ-カロテン、ビタミンK、カルシウムや鉄などが多く含まれます。

初心者におすすめなのは小カブ。育てやすく、種まきから45~50日で収穫できます。新芽にアブラムシが発生したら、食品成分を使用した殺虫殺菌剤や、天然のヤシ油を使用した薬品を散布して退治します。間引き後は株元へ土寄せしておくと大きく育つので、タイミングを逃さずに行いましょう。

小カブのおつまみサラダ

皮をむかず、加熱もせず、スライスして具をのせるだけ。カブの栄養価や歯ざわりをそのまま生かした一品です。

とても華やかですが作り方はいたって簡単。クリスマスパーティーでも喜ばれそうな一皿です。

材料（2人分）

- 小カブ…1個
- カニ風かまぼこ…80g
- 青ネギ…2本
- レモン…適宜

ソース
- マヨネーズ…大さじ2
- ヨーグルト…大さじ2
- 練りワサビ…少々
- 塩…少々

作り方

❶ 小カブはきれいに洗ったあと茎を2cmほど残して葉を切り落とす。青ネギは小口切りにする。
❷ 小カブは皮つきのまま5～6mmの厚さに切り、両端をみじん切りにする。
❸ ソースを混ぜ、みじん切りにした小カブ、カニ風かまぼこをほぐして加える。
❹ 平皿にスライスした小カブを並べ、❸を形よくのせて青ネギを散らし、レモンを添える。

生で食べてもクセがなく、加熱したらすぐに火が通り、漬け物によし、お汁にもよし、まるっとしてかわいい小カブ。秋に種をまいたら2カ月で待望の収穫期を迎えます。

春菊

「食べるかぜ薬」春菊は今が旬

βカロテンやビタミンCのほか
葉酸、ビタミンE、鉄分も豊富。
独特の香りが魅力的な春菊は
食して良し、お風呂に良し、
冬とたたかうカラダの味方です。

ワンポイントアドバイス

春菊は「軟弱野菜」と呼ばれる、傷みやすい葉野菜のひとつ。保存するときは、濡れた新聞紙やキッチンペーパーで包んで穴を開けたポリ袋に入れ、冷蔵庫に立てて保存しましょう。

■春菊栽培カレンダー

種まき（9月下旬～3月）

生育適温：15℃～25℃

9月	10月	11月	12月	1月	2月	3月	4月	5月	6月	7月	8月

収穫（種まきから30～50日）

鍋物、すき焼き、天ぷらなどでもおなじみの春菊は、中国または地中海沿岸が原産地。日本には中国経由で室町時代に渡来し、昔から食べられてきた野菜です。

春に花を咲かせ、葉の形が菊に似ていることから春菊と呼ばれるこの野菜には、活性酸素の働きを弱め、ガンの予防効果が期待できるβカロテンが、

準備するもの

❶

❷

❸

❹

❶春菊の種
❷野菜用の配合土
❸化成肥料（N8・P8・K8）
❹鉢底石
❺プランター（深さ15㎝以上）

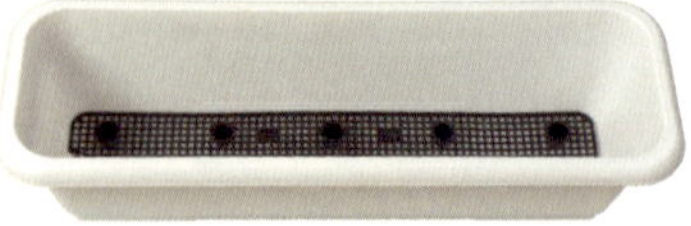
❺

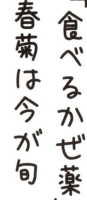

1 準備

プランターに鉢底石を敷き、混ぜておいた土（配合土と化成肥料）を入れ、平らにならしておく。

2 種まき・水やり

深さ5mmほどのスジを2本つけ、種をスジの中にまく。土は薄くかぶせ、たっぷりと水を与える。（種は一晩水に浸けておくと発芽しやすい）

3 間引き・追肥

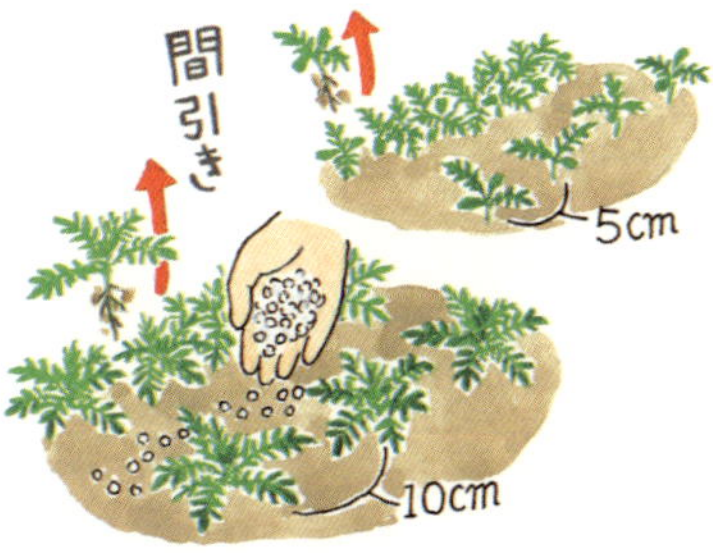

本葉が2～3枚になったら株間が5cmほどになるように間引きし、本葉が4～5枚の頃には株間が10cmになるように間引きする。間引き後は肥料を少量与えておく。

4 収穫

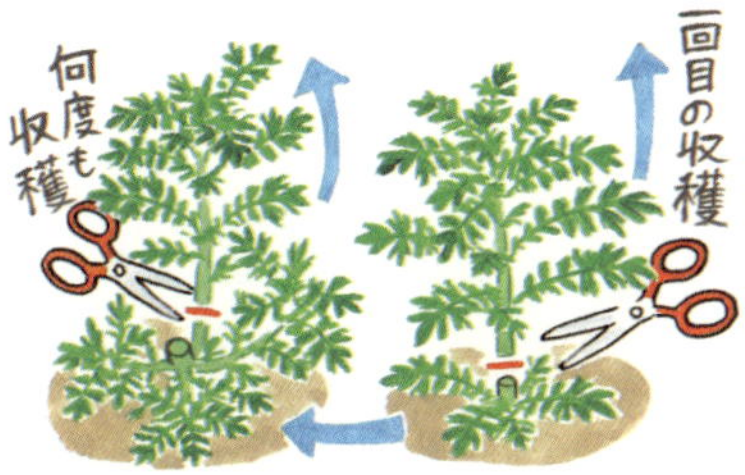

草丈が15cmほどになったら、本葉4～5枚を残して成長点を取るように収穫。その後は、わきから伸びた芽を摘み取るように収穫する。

ホウレンソウより多く含まれます。また、肌荒れや風邪の予防に役立つビタミンCも豊富に含むため、漢方では古くから、抵抗力を高める「食べるかぜ薬」として珍重されていたようです。

独特の香り成分は自律神経に作用し、胃腸の働きを促進して消化吸収を良くしたり、たんを鎮める作用も報告されていますので、固くなって食べられない部分は、春菊風呂として利用してはいかがでしょうか？お風呂に使う時は、まず、陰干しして乾燥させた春菊を布袋に入れ、水の状態からお風呂に入れておきます。香りのリラックス効果とともに、血行も良くなります。

収穫したての若い葉は塩と熱したゴマ油をかけるだけでもおいしく食べられますが、ゆでる際は、数滴の油と塩を加えたお湯で、短めにゆでるとカロテンの吸収も高まり、カリウムやビタミンCの損失を抑えることができます。収穫したら新鮮なうちに使い切るようにしましょう。

春菊の白和え

春菊の緑、ニンジンの赤、島豆腐の白がとてもキレイ。
春菊の香りと茎のシャキシャキ感をいかした一品です。

春菊というとホカホカの汁物が頭に浮かびますが、こんな食べ方もあったのかと目からウロコ

材料
(2人分)

- 春菊…1/2束(100g)
- 島豆腐…200g
- ニンジン…1/4本

A
- 白ごま…25g
- 白みそ…小さじ1
- 砂糖…小さじ2
- 薄口しょうゆ…少々
- 塩…少々

作り方

❶ 島豆腐はペーパータオルで包み、重石をして1時間くらいおき、水分を抜く。
❷ 春菊は葉と茎を分け、太い茎とニンジンは細切りにして3cmほどの長さに切る。
❸ 塩を入れた熱湯でニンジン、春菊の茎、葉の順にゆで、冷水にとって水気をしぼる。
❹ 白ごまはからいりしてすりつぶし、❶とAを加えてなめらかになるまで混ぜる。
❺ ❸とニンジンを加えて和える。

寒さが身にしみるこの季節はお鍋が恋しくなりますね。そうだ、春菊買って帰ろう!
それとも… 自分で育てちゃう?
春菊は今から種をまけば30～50日で収穫できますよ。

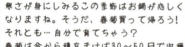

島ラッキョウ

■島ラッキョウ栽培カレンダー

植え付け（8月下旬〜10月）※プランターでは9月ごろからが最適

8月　9月　10月　11月　12月　1月　2月　3月　4月　5月　6月　7月

収穫（12月〜6月）※6カ月が目安

季節の変わり目のスタミナ回復に

すらりと伸びた青葉に
ぷっくりした白い根元
少しくらい小さくても
おいしさは変わりません。

島ラッキョウ栽培のワンポイント

島ラッキョウは小粒ですが「ラクダ種」というやや大ぶりの品種もあります。育てる時に白い部分を多くするには、生長途中で土を株元に高く寄せるのがポイントです。

ラッキョウは中国原産のユリ科ネギ属の野菜。日本には平安時代に伝わり整腸薬として利用され、江戸時代から漬物として食べられるようになりました。別名を「オオニラ」「サトニラ」といい、強い辛みと独特な香りを持ちます。そのため、辛辣（シンラツ：舌に辛さが残るほど強い）な味を持つニラという意味で「辣韮（らっきょう）」と名付けられました。

準備するもの

❶

❷

❸

❹

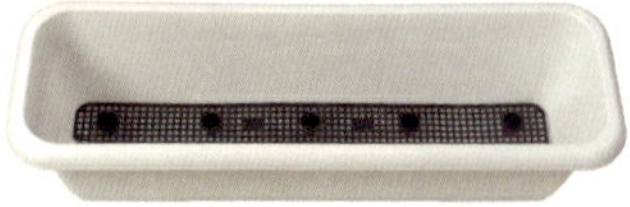

❺

❶島ラッキョウの種球
❷野菜用配合土
❸鉢底石
❹化成肥料
❺プランター（鉢底ネット付き・容量15ℓ以上・深さ20cm以上）

1 準備

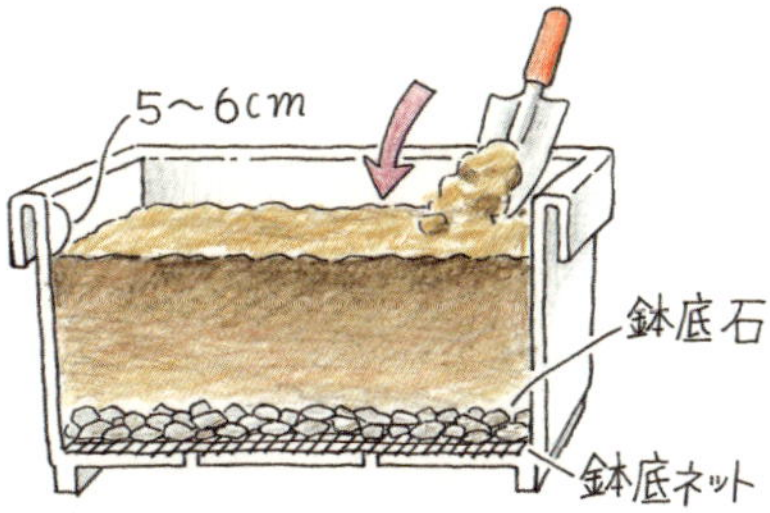

プランターに鉢底ネット、鉢底石を敷き、配合土を入れる。入れた土の表面からプランターの縁まで、5〜6cmの高さをもうける。

2 植え付け

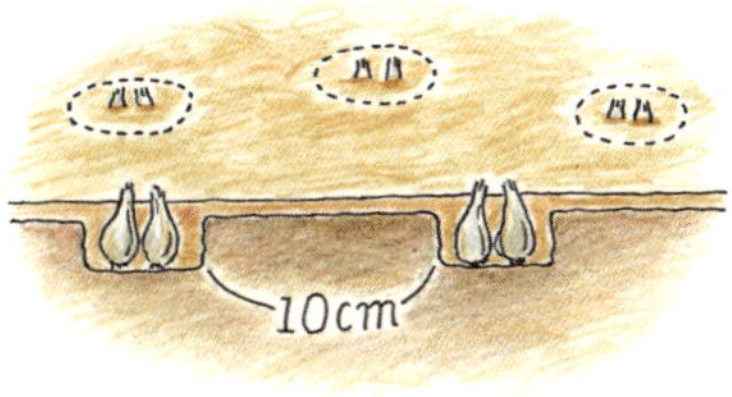

株間約10cmの穴を5カ所掘り、種球のとがった方を上にして2球ずつ穴に植え、上部が少し見えるように土をかける。

3 追肥・土寄せ

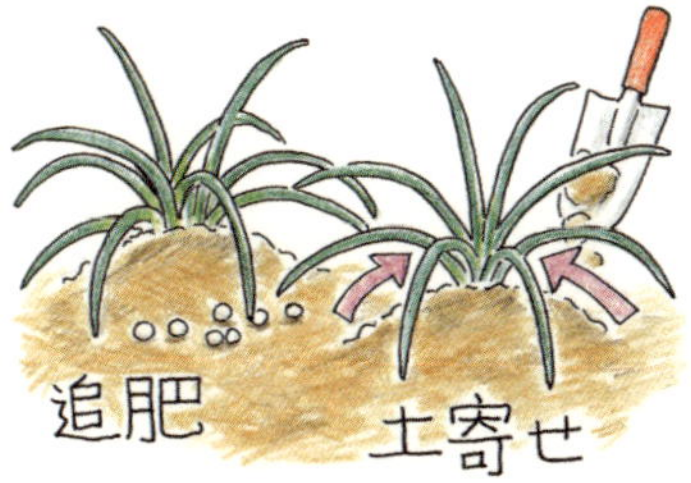

植えつけ後1カ月ほどたったら、1株あたりひとつまみの化成肥料を追肥し、土寄せする。2回目は12月に、3回目は1月に追肥し、ラッキョウの首部まで高く土を寄せる。

4 収穫

植えつけから4カ月たつと収穫できるが、6カ月を目安に収穫する。

匂いのもとである硫化アリルは、タマネギやネギ、ニンニクと同じ成分で、疲労回復に役立つといわれています。現在は、その辛みと香りゆえにファンは多く、沖縄で育てられた小ぶりのラッキョウは「島ラッキョウ」として今や他府県でも大人気。球が小さい在来種のほか、ラクダ種と呼ばれる大粒で収量の上がる種類も多く植えられています。いずれも早めに収穫され、ネギのようにスラリとしたものが多くなります。生食で食べたい場合は4〜6カ月で収穫するのがおすすめですが、1年おくと球は大きくなります。2〜3年たつと分球が進み「花ラッキョウ」として、首のしまった小粒のラッキョウになります。深植えすると球の肥大も悪く、分けつ（株数が増えること）も少なくなるので注意。

　食物繊維がゴボウの3〜4倍もあり、おなかもすっきり。豚肉と一緒にとると含有成分のアリシンがビタミンB1の吸収を助けるので、疲労回復やスタミナアップも期待できそうです。

島ラッキョウの肉巻き

島ラッキョウの匂いや辛みは苦手な子が多いですが、加熱するとマイルドな甘みに変わります。

島ラッキョウに含まれるアリシンは、豚肉のビタミンB1が体内に吸収されるのを助けます。梅の酸味で脂っこさもさわやかに。

材料（4人分）

- 島ラッキョウ…12本
- 豚バラ薄切り肉
  …12cmほどの長さ12枚
- 梅肉…大1個分
- シークヮーサー…1個
- 塩…適量

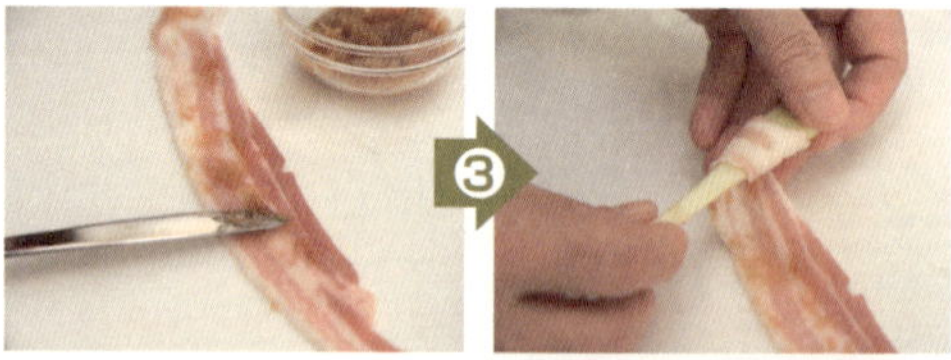

作り方

❶ 島ラッキョウは洗って根と固い葉を取り除く。
❷ ❶に塩をふって15分ほどおくと、つるんと薄皮がむける。
❸ 豚バラ薄切り肉に梅肉を薄くのばし、❷の島ラッキョウに斜めに巻き付ける。
❹ 熱したフライパンに❸を並べて弱火でこんがりと焼き、半分に切ったシークヮーサーを添える。

漬けてよし、揚げてよし、
もちろん炒めてもよし。
万能選手の島ラッキョウだから
日々の食卓に出せるよう
育てておきたいですね。

ホウレンソウ

■ホウレンソウ栽培カレンダー

種まき（10月～3月）

9月　10月　11月　12月　1月　2月　3月　4月　5月　6月　7月　8月

収穫（11月～5月）※種まき後30～50日

モリモリ食べて強くなろう。

寒くなってきたらホウレンソウの出番。豊富なレパートリーで食卓を飾りましょう。

ホウレンソウの効用

ホウレンソウはビタミンCをはじめ栄養が豊富な野菜です。鉄分も多く含むため貧血予防にも効果的。お子さんに食べさせてあげたい野菜です。

寒くなるにつれておいしくなるホウレンソウ。名前の語源はさまざまな説がありますが、中国語で原産地に近いペルシャ（現在のイラン）を「菠薐（ほうれん）」と呼んでいたことに由来しているともいわれます。

江戸時代の初期に日本に持ち込まれましたが、本格的に需要が伸びたのは昭和になってからのこと。米国アニメの主人公「ポパイ」が缶詰のホウレン

準備するもの

❶

❷

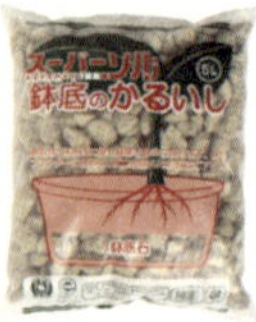

❸

❹

❺

❶ホウレンソウの種（秋まき用）
❷野菜用配合土
❸鉢底石
❹化成肥料
❺プランター（容量10ℓ以上・深さ20cm以上）

1 種まき

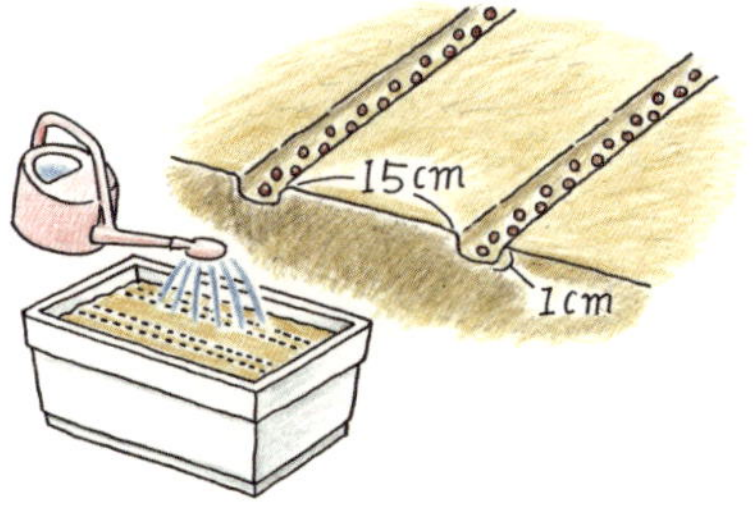

深さ1cmほどの溝を15cmほどの間隔で2すじつくり、種が重ならないようにまく。発芽までは常に土の表面が乾かないように水をやり、発芽後は表面が乾いたら水やりをする。
＊種の種類によっては、種まき前に一晩水に浸けておく。

2 間引き

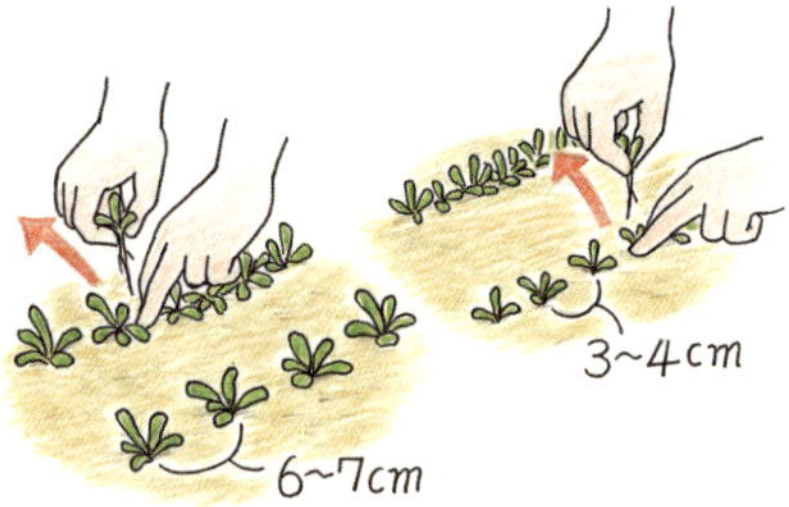

双葉が開いたら株間が3～4cmになるよう間引きし、本葉が2～3枚になったら株間が6～7cmになるように間引く。

3 追肥

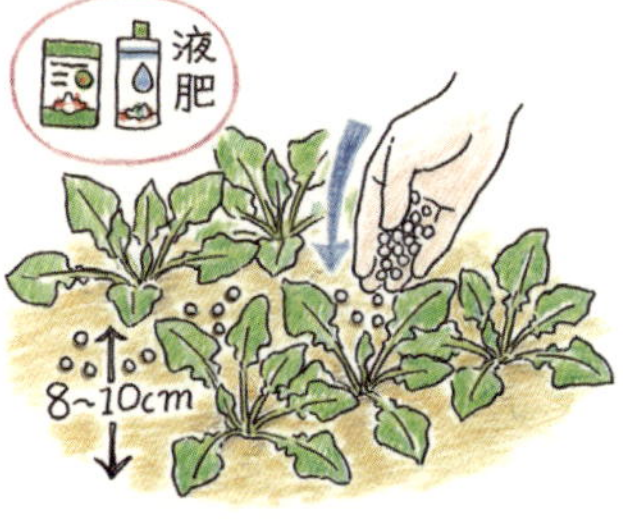

草丈が10cmほどに生長したころ（種まき後18～20日）、化成肥料を土の表面に散布する（土1ℓに対し1gの割合）。液肥の場合は週1回、薄めて施す。

4 収穫

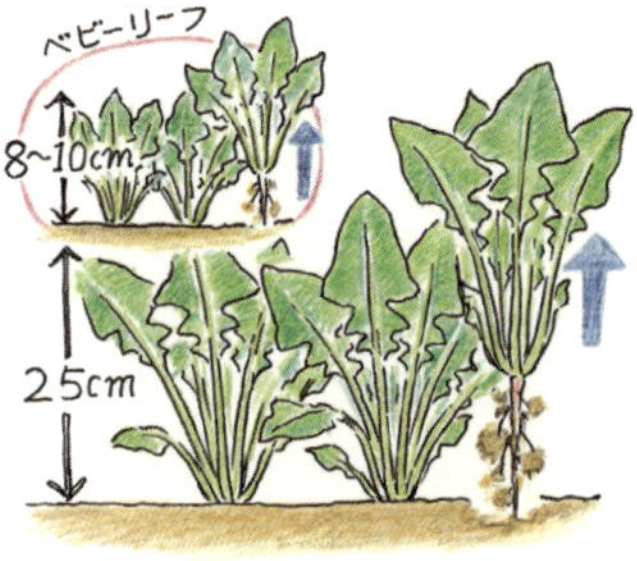

8～10cmほどになるとベビーリーフとして収穫可能。種まきから30～50日（草丈が25cmほど）で順次収穫する。

ソウをエネルギー源としている姿がお茶の間に広まり、強くなれるとのイメージが定着したためです。

江戸時代に入ってきたホウレンソウは冬の栽培に向いた東洋種で、明治時代には葉の厚い西洋種も導入されました。最近は両方の利点を取り入れた一代雑種が主流になり、周年栽培されています。

ホウレンソウはβカロテンやビタミンC、B1、B2、鉄、銅などを含む栄養価の高い野菜の代表格。気になるのはえぐみとアクの主成分であるシュウ酸ですが、最近は栽培方法や品種の改良でシュウ酸が少ないホウレンソウが作られるようになりました。またシュウ酸は水溶性のため、ゆでることで減らすこともできます。

保存する時は濡らした新聞紙で包んでビニール袋に入れ、立てた状態で冷蔵庫の野菜室に入れるか、冷凍保存しておきましょう。おひたしや鍋物以外にもソテー、ポタージュ、キッシュなどで楽しんでください。

ホウレンソウの簡単クリームパスタ

バター風味のホウレンソウ＋きのこ＋ベーコンは、食欲をそそる最強の組み合わせです。

材料（2人分）

- パスタ（太さ1.6mm）…200g
- ホウレンソウ…100g
- 玉ネギ（薄切り）…100g
- ベーコン（細切り）…2枚
- シメジ…50g
- バター…20g
- 小麦粉…大さじ3
- 牛乳…300cc
- 固形コンソメ…1/2個
- 塩・コショウ…適量
- 粉チーズ…適宜

作り方

❶ パスタを7分ゆでて、残り湯でホウレンソウを固めにゆでて水気をしぼり、5〜6cmのざく切りにしておく。
❷ フライパンにバターを熱し、玉ネギ、ベーコン、シメジの順に炒める。
❸ ❷に小麦粉をムラなく振り入れ、弱火で炒める。
❹ 少しずつ牛乳を注ぎ入れながら混ぜる。
❺ 砕いたコンソメを入れ、クリーミーになったら塩コショウで味を調える。
❻ ❶のパスタとホウレンソウをからめる。お好みで粉チーズをどうぞ。

栄養たっぷりのホウレンソウは
和・洋・中で大活躍。
料理の幅も広いので、毎日食べ
ても飽きない魅力があります。

豆苗
とう みょう

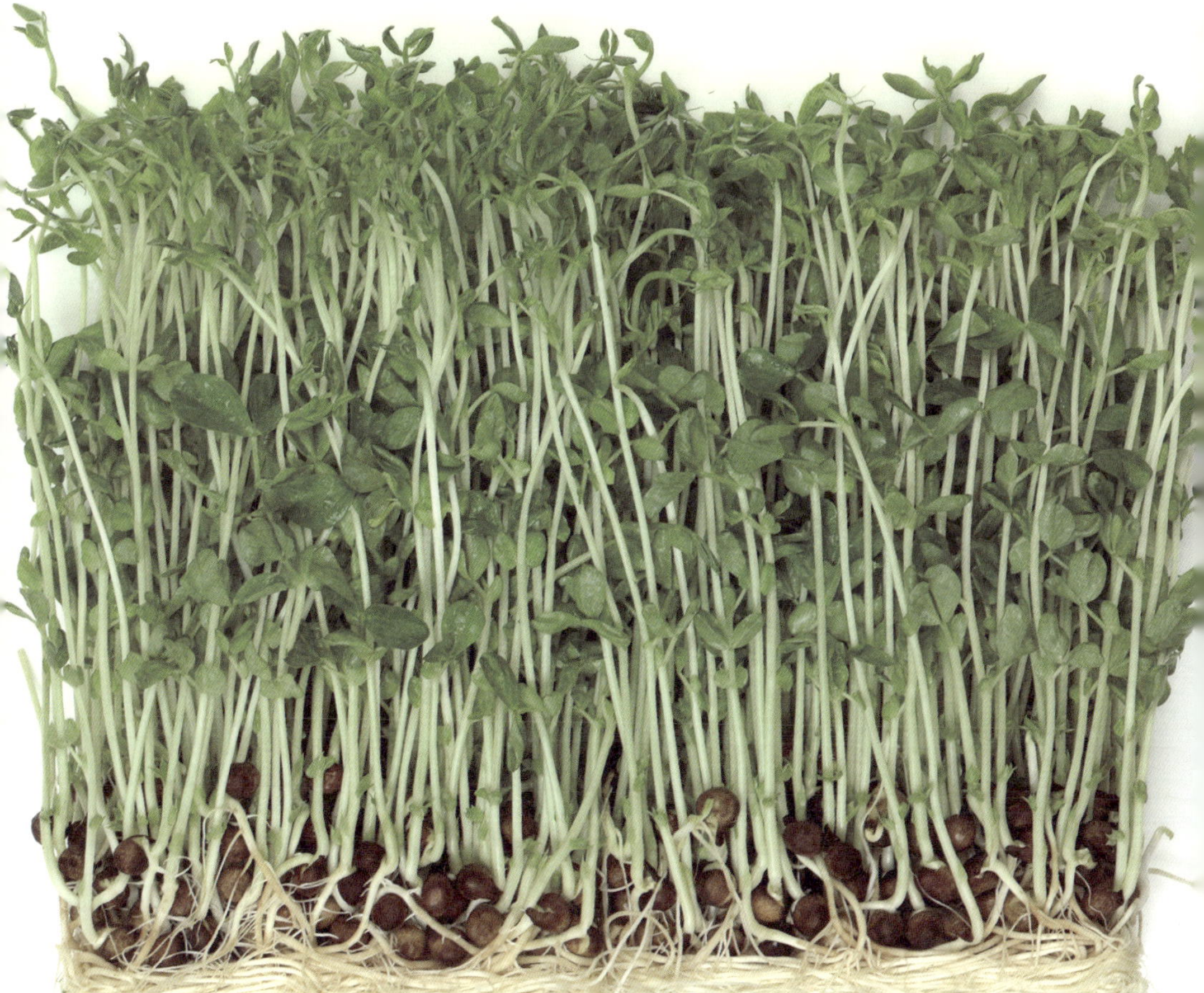

■豆苗栽培カレンダー

種まき 1月～12月(通年)

1月	2月	3月	4月	5月	6月	7月	8月	9月	10月	11月	12月

収穫 1月～12月(通年)

リサイクルで育てよう

カイワレダイコンと
よく似た青い葉には
ビタミンCなどの
栄養がいっぱい。
毎日の食卓に
のせたい野菜です。

豊富な栄養素を、ぎゅっと凝縮。

豆苗はとても栄養バランスに優れた緑黄色野菜。ホウレンソウと比較した場合、ビタミンCはおよそ2倍。ビタミンBやβカロテン、タンパク質も豊富です。

豆苗とはエンドウ豆の若菜のことで、日本には1970年代に中国から入ってきました。当初は中華料理で使われる高級食材で、一般家庭の食卓にはなかなか登場しませんでした。中国では畑で作ったものを手摘みで収穫していたため、収量の割には手間のかかる季節野菜だったのです。それが安価で流通するようになったのは、植物工場での生産が可能になったからだといわれています。

準備するもの

❶ 豆苗の種

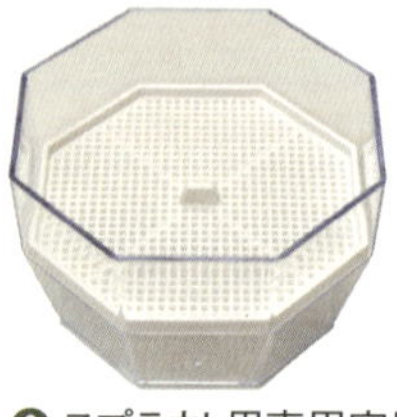

❷ スプラウト用専用容器
(参考価格:280円)

栽培容器は牛乳の空パックで代用する方法もありますが、念入りに洗浄しないと細菌発生のもとになるので、専用容器の使用をおすすめします。

1 準備

種をかるく洗い、水を入れた器に一晩浸けておく。

2 種まき

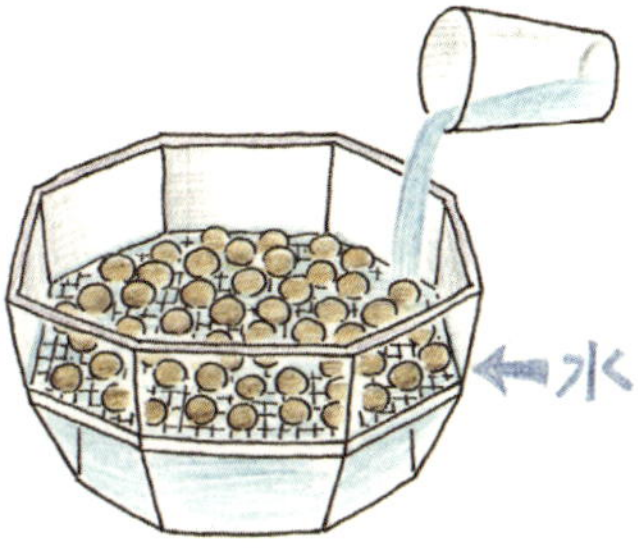

専用容器のザルの方に❶の種を入れ、種が水にようやく浸かるほどの水を注ぐ。

3 管理

1日に1～2回水を替えながら、日の当たらない場所で1～2日育てる。芽が伸びてきたら陽のあたる場所に移し、7～10日ほど育てる。

※水の交換は衛生面でも重要なので忘れずに!

4 収穫

15～20㎝に成長したら、下の脇芽を2つ残す位置でカットし収穫。収穫後は同じように管理すると2～3回再生栽培ができる。

豆苗の魅力は安い、扱いやすい、栄養価が高いなどがありますが、何よりも大きな魅力は、再生栽培ができること。葉と茎を食べてから根の部分を陽の当たる場所で育てると、2回以上収穫できます。収穫する時は根元から2つ目の脇芽（茎から出た、新しい芽が成長する部分）を残しましょう。そうすると元気に早く再生します。不衛生な状況で育てると食中毒の恐れもあるため、容器は清潔に保ち、水はこまめに替えましょう。

　豆苗を保存する場合、市販の未開封のものなら冷蔵庫の野菜室で構いませんが、収穫した豆苗はラップでふんわりと包み、冷蔵室で保存した方が長持ちします。

　サラダや炒め物、鍋物などにも大活躍の豆苗は、こってりとしたドレッシングともよく合います。見てよし、食べてよし、育ててもよし。栄養価の高いエコ野菜、採りたての味をどうぞお試しください。

豆苗と鶏ムネ肉のやわらか照り煮

豆苗の風味と歯ざわりは
緑風のようにさわやかで、
肉料理との相性も最高です。

豆苗の絶妙なアシストで、こってり風味の鶏肉もパクパク食べられます。シャキシャキ感を残すため、豆苗は火を止めてから余熱で和えましょう。

材料（2人分）

- 鶏ムネ肉…200g
- 豆苗（根は切除）…50g
  - ●根には細菌がいる場合も5cmほど切り落としましょう。

A
- 水…20cc
- 塩…2g
- 砂糖…2g
  - ●鶏肉の1％の砂糖と塩　加熱により肉が硬くなるのを防いでくれます。
- 刻みショウガ…大さじ1
- 刻みニンニク…大さじ2

- 片栗粉…大さじ2＋1/2
- サラダ油…適量

B
- しょうゆ…大さじ1＋1/2
- 砂糖…大さじ1＋1/2
- 酒…大さじ1＋1/2
- 酢…大さじ1
- みりん…小さじ2

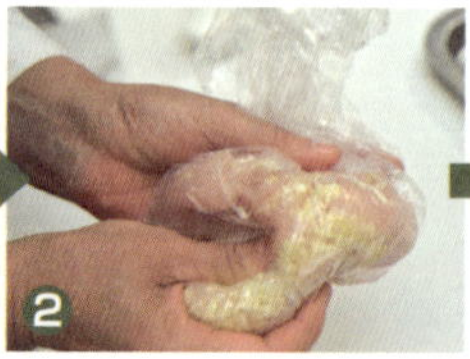

作り方

❶ 鶏ムネ肉はフォークで突き、繊維を断つ方向で削ぎ切りにする。
❷ ❶とAをポリ袋に入れ、水気がなくなるまでもんで約10分置く。
❸ 豆苗は洗って長さ4cmほどに切り揃える。
❹ ❷に片栗粉をまぶし、油を熱して中火で焼き色をつける。
❺ 肉を裏返してフタをし、弱火で約2分焼いてBを加える。
❻ 照りがつくまで煮つめたら火を止め、❸を加えてさっと和え、皿に盛りつける。

すくすく育った葉と茎は
切っても再び伸びてきます。
お得で可愛いエコ野菜、
豆苗を育ててみませんか？

サラダ菜

■サラダ菜栽培カレンダー

	1月	2月	3月	4月	5月	6月	7月	8月	9月	10月	11月	12月
種まき	○	○	○	○	○				○	○	○	○
収穫（種まきから40日前後）	○	○	○	○	○	○				○	○	○

毎日のサラダの主役に

ふわっと柔らかな葉には
ビタミンがたっぷり。
毎日の食卓にサラダとして
一皿加えてみませんか。

丸いだけがレタスじゃない！

おなじみの玉レタスやサラダ菜は「ヘッドレタス」、サンチュは「カッティングレタス」の仲間。一口にレタスといっても、食感や形によりさまざまな種類があるんです。

サラダ菜はキク科アキノノゲシ属の一年草で、玉レタスやリーフレタスなどと同じレタスの仲間です。日本には明治の初め頃に欧米から入ってきましたが、よく食べられるようになったのは1960年頃から。太平洋戦争の後に進駐軍がレタス類を常食にしたため、生産量が増えたのです。

　レタスには玉レタスのように葉が重なって結球する（球状になる）ものと、

準備するもの

❶

❷

❸

❹

❺

❻

❶ サラダ菜の種
❷ 葉もの野菜用の配合土
❸ 化成肥料（N8・P8・K8）
❹ 鉢底石
❺ 種まき用育苗箱
❻ プランター（60㎝標準サイズ）

1 種まき・間引き

一晩水に浸けた種を育苗箱にばらまき、ごく薄く土をかけて種が流れないように水やりする。双葉が出た頃と本葉が2～3枚になった頃に間引きし、最終的に3本にする。

2 定植・水やり

本葉が4～5枚になったら、鉢底石と土を入れたプランターに3つのくぼみを作り、苗を定植した後、たっぷりと水をかける。生育中は土が乾燥しない程度に水やりをする。

3 管理(追肥・防除)

日当たりと風通しの良い場所で育て、2週間ほどたった頃、株と株の間に化成肥料をひとつまみ与える。

4 収穫

3週間ほどたつと外側の葉から順にかき取って収穫できる。中心の6～7枚の葉は残しておく。半結球にしたい場合は40日ほどたってから収穫する。

リーフレタスのように結球しないものがありますが、巻きがゆるくわずかに丸くなるものをサラダ菜と呼びます。玉レタスより葉に丸みがあって柔らかく、また葉の色が濃いためβカロテンの量も多いのが特徴です。

栽培中は乾燥に注意し、露地栽培の場合は敷き草やシルバーのマルチを施すと、アブラムシの発生を抑えたり、土のはね返りを防ぐことができます。25度以上の高温や長日が続くととう立ち（花茎の生育）により固くなるので暑さに強い種子を選び、日中は光をさえぎりながら育てると、柔らかくおいしいサラダ菜に育ちます。

炭水化物、脂肪、タンパク質の代謝に働くビタミンB群、カルシウムの吸収を助けるビタミンKを多く含むので、チーズや小魚と一緒に食べるのがおすすめです。シーザーサラダやハム・チーズサンドイッチのほか、サラダ菜とシラスのチャーハン、かき玉汁などに入れてもおいしいですよ。

サラダ菜のシーザーサラダ

サラダ菜をたっぷり食べるならこの一品。ベーコンと粉チーズの香りが食欲をそそります。

お酒のおつまみにもぴったりのシーザーサラダ。ひと手間かけたドレッシングが決め手です。

材料（2人分）

- サラダ菜…２株（約150g）
- ミニトマト…４～５個
- ベーコン…２枚
- ゆで卵…１個

シーザードレッシング

- マヨネーズ…大さじ３
- 牛乳…大さじ２
- オリーブオイル…小さじ２
- レモン汁…小さじ２
- 砂糖…小さじ２
- おろしニンニク…少々（1/2片）
- 粉チーズ…大さじ３
- おろし玉ねぎ…5g

作り方

❶ サラダ菜は食べやすい大きさにちぎり、ゆで卵とミニトマトは半分に切り、玉ねぎ、ニンニクはすりおろしておく。

❷ ベーコンは5mm幅に切り、フライパンで油をひかずにカリカリになるまで炒める。

❸ ボウルにドレッシングの材料を入れ、よく混ぜておく。

❹ ❸にサラダ菜を加え、軽く和えたら皿に盛り付け、ベーコン、トマト、ゆで卵をトッピングし、お好みで粉チーズ（分量外）をかける。

ふんわりと柔らかな食感のサラダ菜はさまざまな料理に活用できるすぐれもの。夏場を除いて年中収穫できるのも魅力です。

パセリ

■パセリ 栽培カレンダー

植え付け（9月下旬～10月）

1月	2月	3月	4月	5月	6月	7月	8月	9月	10月	11月	12月

収穫（10月下旬～翌5月）

爽やかな香りがたまらない

プランターで育てるパセリは
適切な水加減が決め手です。
上手に育てていけば
来年の春まで楽しめますよ。

美味しくても食べ過ぎには気を付けて

パセリに含まれる「アピオール」は月経不順の治療で使われたこともある成分であり、妊婦の方は一度に200g以上食べないよう注意。腎臓疾患や血栓予防の薬を服用中の方も、医師の指示に従って食べてくださいね。

口の中に入れた時の食感や香りが個性的なためか、食後の皿にポツンと残ったり、飾りのように扱われがちなパセリ。しかし調理法によってはとても美味しく食べられます。

パセリは地中海沿岸地方が原産で、ニンジン、セロリ、サクナ、アシタバなどと同じセリ科の野菜。和名を「オランダゼリ」といいます。葉を食べるパセリは大別すると3種類あり、日本

準備するもの

❶パセリの苗（2つ）
❷大型プランター（深さ15cm以上）
❸野菜用の配合土
❹鉢底石
❺液体肥料（N8・P8・K8）
❻化成肥料（N8・P8・K8）

1 植え付け

プランターに鉢底石を敷き、配合土を入れる。株間を15㎝ほど空けて植え、水をたっぷりやる。植え付け後の水やりは、土の表面が乾いてから行う。

2 追肥

苗が活着したら500倍に薄めた液体肥料を週に１回施す。葉が黄色くなっている場合は下葉を取り除き、株間にひとつまみの化成肥料を施す。

3 水やり、管理

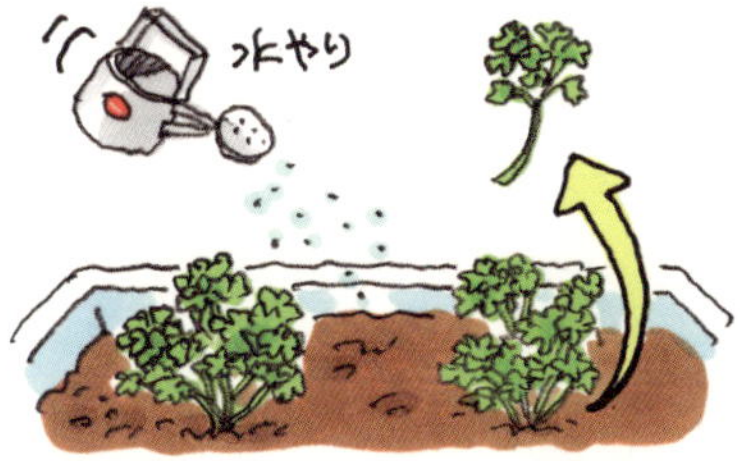

本葉が10枚ほどになり、株元から側枝が出てきたら下葉や病葉をこまめにかき取る。水のやりすぎ、乾燥しすぎにならないよう水分管理に注意する。

4 収穫

本葉が15枚ほどになったら下葉からかき取る。取りすぎると光合成ができにくくなって弱るので、葉は常に10枚ほど残して収穫する。

でなじみ深いものは「モスカールドパセリ」。濃い緑で葉が縮れ、苦みがあってゴワゴワとした食感が特徴です。葉が平たい「イタリアンパセリ」は柔らかく苦みも穏やか。葉が大きい「ナポリタンパセリ」は葉柄部分が大きなパセリです。いずれも下に向かってまっすぐに根を伸ばす特徴があるため、深めのプランターで根を乾燥させないように半日陰で育てると柔らかい葉に育ちます。

　パセリは他の野菜類と比較してもカリウム、鉄分、βカロテン、ビタミンCを多く含み、悪玉コレステロールから体を守ってくれる葉緑素（クロロフィル）も豊富です。食べた時に口の中に広がる香りは「アピオール」などの精油成分で、口の中をさっぱりさせる効果や食中毒予防で料理に添えられたといわれます。現代でも口臭予防の商品にその成分が利用されているなど、さまざまな効果が期待されるので、刻んでバターに入れたり加熱したりして楽しんでください。

パセリのカツレツ

「生のパセリは苦手」という人はみじん切りにして加熱料理に混ぜ、食感や香りを和らげてみましょう。今回は揚げ焼きの衣の中に登場！

焼いている途中からニンニクの香りがキッチンいっぱいに漂って、たまらなく食欲をそそります。パセリの香りは後味で感じられる程度に穏やか。

材料（4人分）

- 豚ロース肉（厚さ5mmほど）…8枚
- 塩コショウ…適量
- パン粉…40g
- パセリ（みじん切り）…10g
- ニンニク（　〃　）…4〜5片分
- 溶き卵…1個分
- 小麦粉…適量
- オリーブオイル…大さじ3
- 付け合わせの野菜…お好みで

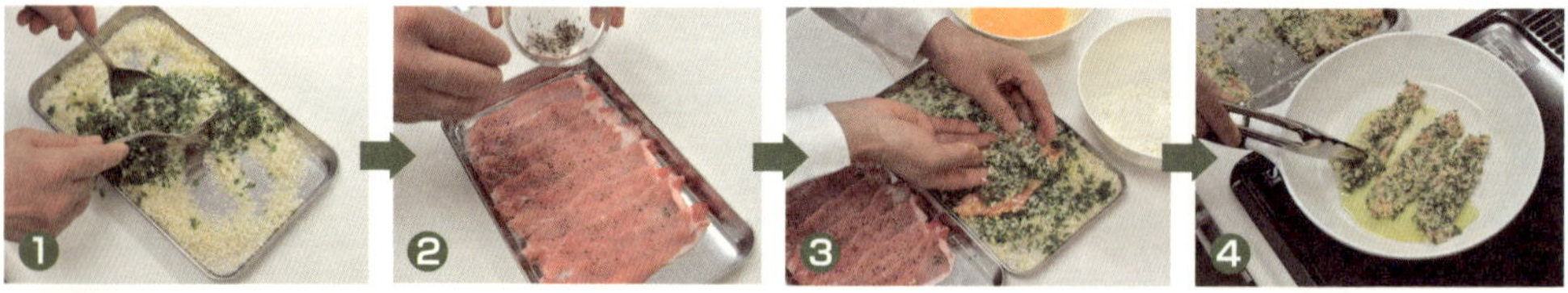

作り方

❶ パセリ・ニンニクのみじん切りとパン粉を混ぜておく。
❷ 豚ロース肉に塩コショウで下味をつける。
❸ ❷に小麦粉、溶き卵、❶を順にまぶしつける。
❹ フライパンにオリーブオイルを熱し、強火で2分半揚げ焼きにする。
❺ 裏返して中火でさらに2分半焼き、野菜とともに皿に盛る。

料理のアクセントのように扱われるパセリですが栄養たっぷりの葉っぱだってご存知でした？彩りよし、食べてよしの優れものなんです。

サンチュ

サンチュ栽培カレンダー　　栽培適温 15℃～20℃

9	10	11	12	1	2	3	4	5	6	7	8
		種まき（11〜4）									
			収穫（12〜4）								

毎日摘みたてサンチュを食べよう

グリーンのきれいな青葉種や葉先が赤紫色をした赤葉種など種類が豊富なサンチュ。お好みのサンチュを選んで栽培しましょう。

関西地方の節分行事『恵方巻《えほうまき》』。七福神にあやかり7種類の具で作ったこの太巻を食べる行事には『福を巻き込む』という意味があるそうです。今年は摘みたてサンチュをたっぷり使った恵方巻を食べてたくさんの福を呼び込みましょう。

摘みたてサンチュを食卓に

育てやすく、害虫のつきにくいサンチュ。日当たりや風通し、水はけをよくして病害虫を防ごう。葉の色が薄くなってきたら、緩効性の化学肥料を株間にまき生長を促そう。

準備するもの

①

①サンチュの種

グリーンのちぢれた葉が特徴のサンチュ。青葉種は寒さや暑さに強い種類なので初心者におすすめ。一株で20枚以上ものかき採り大収穫が可能です。

② 鉢底石

③ プランター（深さ30cm、幅85センチ以上）

④ 腐葉土
（赤玉7：腐葉土3）

⑤ 緩効性の化学肥料
（粒状・N：P：K同比率）

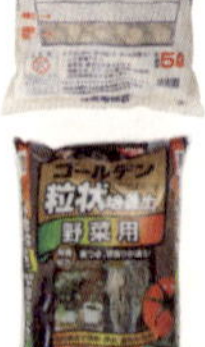

②

③

④

⑤

韓国焼肉のブームで一躍人気ものになった「サンチュ」は、レタスやハンダマと同じキク科の野菜です。葉が縮れたリーフレタスの一種で、肉やキムチを巻いて食べるため包菜（つつみな）とも呼ばれています。

淡白な風味の野菜ですが、「目のビタミン」といわれるビタミンAが豊富です。ビタミンAは、疲れ目や視力の低下を防ぐなど目の健康増進のほか

1 タネまき

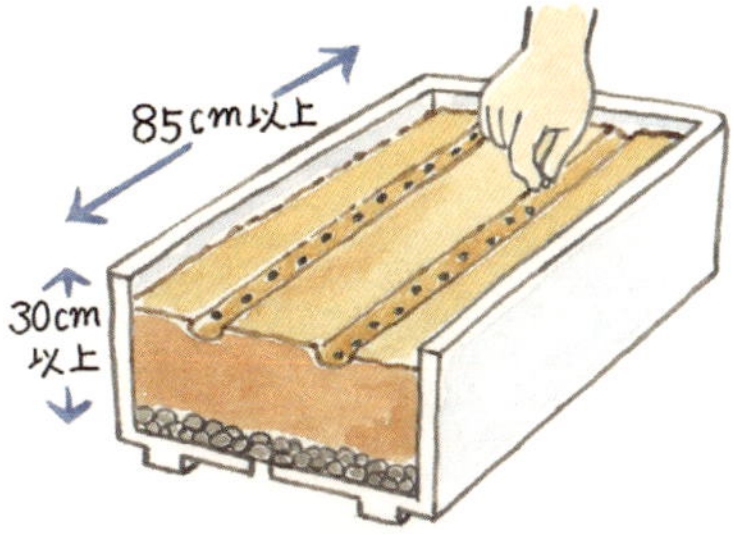

プランターの底に鉢底石を敷き、8分目まで土を入れる。土表面に2本の縦すじを入れ、1.5cm間隔で種をまく。

2 土をかぶせる

土は種が隠れる程度に薄くかぶせる。水やりをし、日当たりの良い場所で発芽させる。4日〜1週間で発芽する。

3 間引き

双葉が出そろったら、葉が触れ合わないように株間15㎝間隔に間引きする。種まき後1か月後から、緩効性の化学肥料を2週間おきに追肥する。

4 収穫

葉が20cmくらいに生長し葉が縮れてきたら、下の葉から収穫する。次の収穫のために、葉を4〜5枚残しておく。

に、肌のカサつきや口内炎などを予防します。

　また葉や茎を切ったときに出る白い液汁には、ラクチュコピクリンという鎮静作用や睡眠を促す成分も含まれています。そのため、レタスや玉ねぎ、パセリと同様に安眠効果のある野菜として知られています。

　レタスのように球状にならないサンチュは生長が早く、害虫もつきにくいのでベランダ栽培にぴったりです。収穫時には株ごと引き抜かずに、大きく成長した葉を下から一枚ずつ収穫すれば、株の中央に芽吹いた葉を含め長期間収穫が可能です。

　サラダとしてもちろん、お浸しや味噌汁の具材にもなる万能野菜サンチュ。ビタミンAは油と一緒に摂ると吸収率がアップするので、さっと炒めて食べるのもおすすめです。

サンチュたっぷりの恵方巻

丸かぶり寿司、招福巻とも呼ばれる恵方巻は、目を閉じて願い事を思い浮かべながら、今年の恵方「北北西」に向かって無言で一気に丸かぶりしましょう。切らずに一本を丸ごと食べ切ることで縁を切らないという意味があるそうです。

1本を一気に食べ切る恵方巻は、通常太巻(酢飯約250g)に仕上げます。食べ切るのが難しいなら中巻(酢飯約150g)にするといいかもしれません。

作り方

1. 昆布を入れて炊いたご飯に、合わせ酢を入れてうちわであおぎ冷ます。
2. アスパラガスは塩茹で、かんぴょうとにんじんはだし汁と*調味料で煮る(写真A)。しいたけはもどし汁と*調味料で煮る。
3. 巻き簾に海苔を敷き、上下左右1cm程あけて1の酢飯を敷く。
4. 広げた酢飯の中央にサンチュを敷き、棒状に切った卵などの具材を置く(写真B)。
5. 中央に置いた具材をサンチュで包み(写真C)最後まで巻きあげます。

材料(4人分)

- 米…3合
- 昆布…10cm1枚
- サンチュ
- アスパラガス
- カニ蒲鉾 ―適量
- にんじん
- 厚焼き卵
- 海苔…4枚
- かんぴょう…15g
- だし汁…150cc
- 干ししいたけ…6枚
- もどし汁…1カップ

合わせ酢
- 酢(80cc)
- 砂糖(大さじ3)
- 塩(小さじ2)

*調味料
- 砂糖(大さじ2)
- みりん(大さじ1)
- しょうゆ(大さじ1)

ルッコラ

ルッコラ栽培カレンダー

栽培適温　16℃～20℃

11月　12月　1月　2月　3月　4月　5月　6月　7月　8月　9月　10月

種まき：11月～4月

収穫：12月～5月

ゴマのような風味と
ピリッとした辛みが魅力

ベビーリーフの袋の中に
ゴマ油みたいな香りのする
葉っぱがあったら、それが
ルッコラ（別名・ロケット）です。

良いルッコラの見分け方

葉が下から密生し、葉先までピンとしているもの。

ルッコラの栄養

ビタミンC、Eが豊富でカルシウムはピーマンの約30倍、鉄分はモロヘイヤと同等の含有量を誇ります。

栽培 10日目

10日目のルッコラ

まだまだ小さい苗が密生しています。4～5 cmになったら間引きの時期。

ルッコラは地中海沿岸原産の一年草。葉が茎周辺に直立する形がロケットのように見えることから、イタリア名でルッコラ、英名ではロケットと呼ばれます。ルッコラと人との関わりは古く、古代エジプト時代より栽培されていたようです。ビタミンCやEが豊富で胃の調子を整える作用もあり、ヨーロッパではサラダや肉料理の付け合わせとして活躍しています。

準備するもの

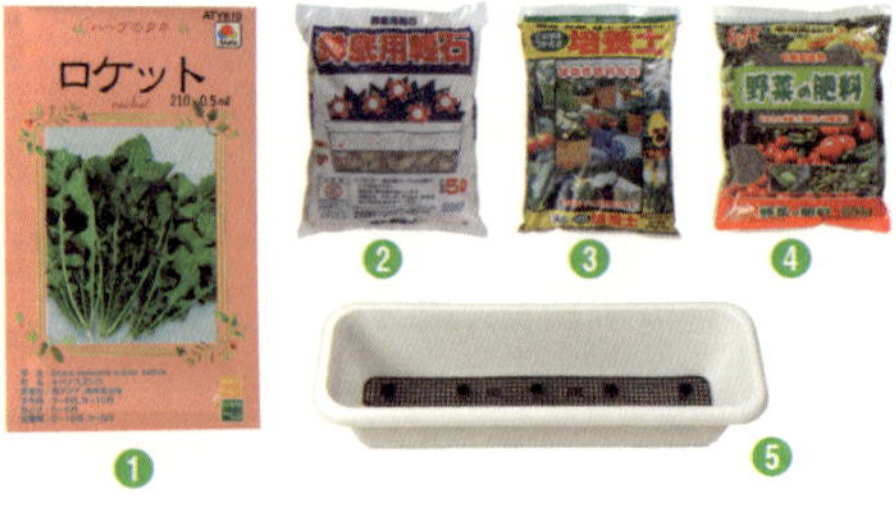

❶ルッコラ（別名ロケット）の種

❷鉢底石　適量　❸培養土　適量

❹化成肥料（N8:P8:K8）大さじ2～3

※有機肥料でも可

❺プランター（深さ18cm以上）

1 準備

鉢底石を敷いたプランターに野菜用土を入れ、表面を軽くならす。

2 種まき

パラパラと均一に種をまいて薄く土をかけ、鉢底から水が流れ出るまでたっぷりと水をかける。

【ワザ】1 cm 間隔で土に穴をあけ、紙にのせた種を串の先で1つずつ落としていくと、まき過ぎを防げます。

3 間引き

鉢土の表面が乾かないよう水やりし、葉が4～5 cmになったら、元気な苗を残して間引きする。

4 収穫

約1カ月で収穫期。下の方の葉（外葉）から摘み取っていくと長期間収穫できる。丸ごと抜いても可。

日本には「キバナスズシロ」や「ヒメキバナスズシロ」という和名の品種があります。スズシロという呼び名からもわかるように、ルッコラはダイコンと同じアブラナ科の植物。そのため十字の形をした淡い黄色の菜の花を咲かせます。葉にはゴマのような風味とクレソンに似たピリッとした辛みがあり、サラダなどの生食だけでなく、おひたし、卵とじなどにも大活躍。手軽で用途の広い野菜です。

種まきを7～10日ずらしながら数回に分けると、長期間フレッシュな葉を摘み取ることができます。葉の色が黄色くなり始めたら、大さじ2～3杯の化成肥料を土にかけましょう。寒冷紗や目の細かいネットをかぶせておくと、害虫の防除に効果的です。

花が咲く時期からは葉っぱも硬くなってきますので、若いうちに外葉から摘み取るか、丸ごと引き抜いて利用します。日当たりが強すぎても葉っぱが硬く苦みも強くなるので、半日陰に移動して管理すると良いでしょう。

ルッコラのピンチョス

何かと重宝するパーティーメニューをご紹介。
巻いてよし、立ててよし、はさんでよし…
カタチのかわいいルッコラならでは。

生ハムやスモークサーモン、ゆでエビにチーズ…こってりとした旨みのある動物性タンパク質を、ルッコラの辛みがさわやかに締めてくれます

作り方

❶ エビは背ワタを取り塩ゆでしておく。
❷ エビとミニトマト、チーズには半分くらいまで切り込みを入れる。

❸ 生ハムとスモークサーモンでルッコラを巻く。
❹ エビ、ミニトマト、チーズにルッコラを挟み、粒マスタードとマヨネーズを添える。

材料（2人分）

- ルッコラ…10〜12枚
- 生ハム…2枚
- スモークサーモン…2枚
- ゆでエビ…2尾　• ミニトマト…2個
- チーズ（お好みのもの）…30g
- 粒マスタード…適量　• マヨネーズ…適量

ゴマみたいな風味とピリリとした辛さ。
おかずを引き立てるハーブとしても良し、つまみ菜としてそのまま食すのも良し。
ロケットとも呼ばれるルッコラを育てましょう。

枝豆

■枝豆栽培カレンダー（早生種の場合）

種まき（2月下旬～3月下旬）

生育適温：25℃～30℃

10月	11月	12月	1月	2月	3月	4月	5月	6月	7月	8月	9月

収穫（4月下旬～6月中旬）

ベランダ菜園から食卓に直送！

おやつ感覚で食べられる枝豆は
ビタミンもたっぷり含んで
栄養豊富な野菜です。
自宅のベランダで育てれば
収穫の楽しみもまたひとしお。

ワンポイントアドバイス

枝豆の育成は乾燥させず、肥料を与え過ぎないのがコツ。ゆでてから冷凍保存もできますが、根の付いた状態での保存がおすすめです。

枝豆と言えばビールというように、お酒とセットのイメージが強いのですが、実は子どもが好きな野菜のナンバー1。手軽に食べられることや、さやから豆がつるんと出る楽しさも人気の秘密のようです。

奈良・平安時代にはすでに食され、江戸時代には枝がついた状態のゆで豆を「枝つき豆」の名で売っており、そのことが「枝豆」の名前の由来といわれています。買い求めた人々はその場

準備するもの

1

2 3

4

5

6

1. 枝豆の種（早生種がおすすめ）
2. プランター（深さ30cmほどの大型サイズ）
3. 鳥よけネット
4. 野菜用配合土
5. 鉢底石
6. 化成肥料（粒状、N8・P8・K8）

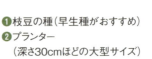

播種・水やり 1

プランターに鉢底石を敷き、配合土を入れ平らにならしておく。15cm間隔で土にくぼみをつけ、種を2粒ずつまき、土をかぶせてからたっぷりと水をやる。

防除 2

種や若葉を鳥の食害から守るために、防鳥ネットをかける。P.118「準備するもの」❸のようなネットならば、収穫時まで使える。

間引き・追肥 3

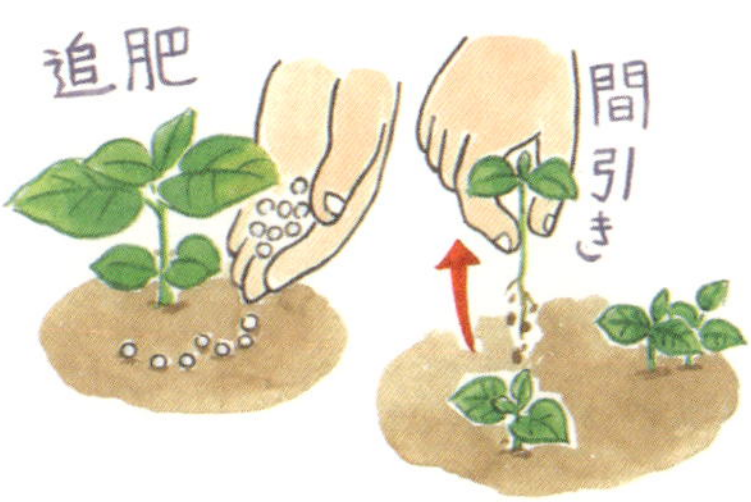

本葉2～3枚の頃に元気なほうを残して苗を間引きする。本葉が3～4枚になり葉が黄色になっている場合にのみ、1株当たり約5gの追肥をする。

収穫 4

乾燥させないよう管理し、さやを押して豆が飛び出すようになったら収穫。早生種は花が咲いてから約35日、中生種は40日前後が目安。

で味わったり、歩きながら気軽に食べたりと、ファストフードのような感覚だったようです。

枝豆には、糖質を分解する酵素の働きを助け、エネルギーに変えてくれるビタミンB1やビタミンC、メチオニン、コリンなどが豊富に含まれています。メチオニンはアルコールの分解も助け、コリンは肝臓の働きを活性化させるため、ビールに枝豆というのは、理にかなった食べ方といえます。

枝豆は高温多湿を好むので、育てる時に乾燥させないこと。肥料過多にならないようにすること。発芽時の鳥害を防ぐためにネットをかぶせるのがポイントです。

根をつけたまま保存すると、2日経ってもうまみの成分アミノ酸と糖分の損失を避けられます。さやをもいでしまった場合は、早めにゆでて冷凍保存。枝豆に対し4％の塩で3分半ゆでましょう。塩分やカロリーに気を付けながら、とれたて枝豆のおいしさや甘みを存分に楽しんでください。

ずんだ餅

すりつぶした枝豆をあんにした
春らしい色のお餅です。

ほのかな塩味が枝豆の甘みを引き立てる、東北地方の郷土菓子。作りたてが一番おいしいですよ

材料（2人分）

あん
- 枝豆（皮つき）…200g（正味150g）
- きび砂糖…70g
- 塩…3つまみ
- 水…大さじ2

餅
- 白玉粉…100g
- 水…90cc

〔用具〕フードプロセッサー（すり鉢でも可）

作り方

1. 枝豆は塩でもんだあとやわらかめにゆで、さやと薄皮を取りのぞいておく。
2. フードプロセッサーに❶ときび砂糖、塩、水を入れて30秒ほど混ぜ、状態を見て水を増減しながら、好みのなめらかさになるまでさらに30秒ほど混ぜる。
3. 白玉粉に少しずつ水を加えながらこね、耳たぶくらいの固さになったら丸い団子状にして手のひらでつぶし、中央に指でくぼみをつける。
4. 沸騰したお湯に❸を入れ、浮いてきたら網じゃくしですくって冷水に浸ける。
5. ❹の餅を器に盛りつけ、❷のあんを上にたっぷりとかける。

ゆでて塩をふった枝豆は誰もが認めるビールの友。
ひとつ、またひとつと手が止まらなくなりますね。今からタネをまけば5月には収穫できますよ。

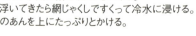

リーフレタス

■リーフレタス栽培カレンダー

9月	10月	11月	12月	1月	2月	3月	4月	5月	6月	7月	8月

種まき 10月〜5月

収穫 12月〜6月初旬（種まき後60日）

青々とした葉は栄養たっぷり。

玉レタスより小ぶりなのに、
栄養価が高いのが
リーフレタスの特長。
炒めてもおいしいですよ。

リーフレタスは光に敏感

リーフレタスは育てやすいのもメリットですが、一日中光が当たる場所で栽培すると、葉や茎が硬くなるので注意してください。

レタスが日本に伝わったのは平安時代で、切ると白い乳状の液が出ることから「乳草（ちちくさ）」とも呼ばれ、それがなまって「ちさ」「ちしゃ」と呼ばれるようになりました。

レタスはポピュラーな玉レタスに加え、ステムレタス、コスレタス、リーフレタスの4品種に分けられます。今回ご紹介するリーフレタスは、葉に縮みがある品種で、和名では葉チシャ、

準備するもの

❶

❷

❸

❹

❶ リーフレタスの種
❷ 野菜用配合土
❸ 鉢底石
❹ 化成肥料（N8・P8・K8）
❺ プランター
（容量10ℓ以上・深さ20cm以上）
❻ 種まき用の鉢（口径25cm程度）

❺

❻

1 種まき・間引き

種まき用の鉢に種をパラパラとまき、土をごく薄くかける。種が流れないよう気をつけながら水を与え、双葉が出たころ弱々しい苗を間引き、本葉が2～3枚の頃にさらに間引き、一番元気な3つの苗を残す。

2 定植・水やり

本葉が4～5枚になったら、プランターに3カ所のくぼみを作って定植する。植え付け後はたっぷりの水をやる。生育中は土の表面が乾いてきたら水を与える。

3 管理・追肥

植え付けから2週間後、粒状の肥料をひとつまみほど追肥する。

4 収穫

植え付け後、30日ほどで収穫。葉長が20～25cmになったら、株元から切り取って1株丸ごと収穫するか、外側の葉から順次摘み取る。

ちりめんヂシャと呼ばれ、葉が緑色のグリーンリーフ、葉先が赤紫色のサニーレタスなどに分けられます。

リーフレタスは玉レタスより栄養価が高く、抗酸化力で知られるβカロテンを10倍ほど多く含みます。サラダにしたり具を巻いたりして生で食べるのもおすすめですが、少量の油脂と一緒に摂るとカロテンの吸収率が高まります。

レタスを種から育てる時は、種を一晩水に浸けてからキッチンペーパーなどに包み、一日ほど冷蔵庫に入れて芽出ししてからまくと発芽の時期がそろいやすくなります。

発芽には光が必要なので、土は薄くかぶせます。ただし門灯や街灯の光が当たるところで育てると葉や茎が硬くなるので、育てる場所に注意しましょう。種から育てると60日かかりますが、苗から育てると30日足らずに収穫でき、病気にも強いので、ビギナーさんにおすすめです。

リーフレタスのトルティーヤ

自家菜園で採れたてのリーフレタスをお皿に盛って、
手巻き寿司みたいにワイワイと食卓を囲みましょう。

簡単なのに、彩りが華やかでパーティーメニューにもぴったりの一品です。

材料（4個分）

- リーフレタス…4枚
- ハム…4枚
- トルティーヤ（市販）…2枚

具 材
- ニンジン…1/2本
- パプリカ（赤・黄）…各1/4個
- ゆでエビ…4尾

ソース
- カレー粉…小さじ1/2
- マヨネーズ…大さじ3

作り方

❶トルティーヤは油をひかずに温めたフライパンで焼き色をつけ、半分に切る。
❷ニンジンとパプリカは細切りにし、ソースは混ぜておく。
❸❶にリーフレタスとハムを重ね、ソースを塗って具材を並べる。
❹円錐形になるように端から巻いていき、端をようじで留める。

冬は葉野菜を育てやすい季節。
サラダの主役でおなじみのレタスは家庭でもお手軽に栽培できます。

イチゴ

■イチゴ栽培カレンダー

植え付け 12月〜4月

9月	10月	11月	12月	1月	2月	3月	4月	5月	6月	7月	8月

収穫 植え付けから20〜50日（品種により差がある）

真っ赤な宝石いただきます。

ハウスイチゴは冬が旬ですが露地栽培なら春植えOK。見た目良し、香り良し、採れたてのイチゴはいかが？

イチゴの意外な秘密

真っ赤に熟したおいしそうなイチゴ。この赤い部分は果実ではないということはご存知でしたか?この部分は花や葉が生えてくる「花托（かたく）」という部分が肥大したもので、表面に付いている粒々がイチゴの果実なんです。ちょっと驚きですよね。

赤くて甘酸っぱく、キュートな形をしたイチゴはリンゴ・ナシ・サクランボと同じバラ科の多年草。野生のイチゴは石器時代から食べられていましたが、栽培されるようになったのは14世紀になってからのことです。ヨーロッパで栽培が始まったイチゴは江戸時代の終わりごろに日本に伝来し、明治32年にフランスの品種が導入されると、本格的に栽培されるように

準備するもの

①

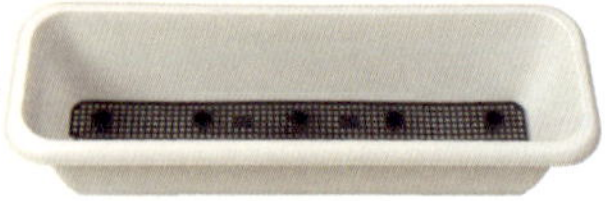

②

③

④

⑤

① イチゴの苗（2株）
② プランター（深さ15cm×長さ60cmほど）
③ 葉もの野菜用の配合土
④ 鉢底石
⑤ 化成肥料（N8・P8・K8）

1 準備

苗はクラウン（中心部分）が大きく、ウイルスフリー（ウイルスに冒されていない）のものを購入する。プランターに鉢底石を敷き、配合土に10ℓあたり2gの化成肥料を混合し、平らにならしておく。

2 植え付け・水やり

プランターの2カ所にくぼみをつくり、クラウンが隠れないように浅く植え付け水をやる。日当たりの良い場所で管理し、鉢土の表面が乾いたら水を与える。

3 管理【受粉・追肥・摘果】

植え付け1カ月後に最初の追肥をし、以後は2週間おきに化成肥料を一つまみほど株元から離して与える。花が咲いたら柔らかい筆でおしべとめしべをなでて受粉を助ける。実の数は1房に2～3個程度に抑えるよう摘み取る。

4 収穫・苗取り

真っ赤に熟した実から順次収穫する。

なりました。

イチゴはビタミンCがとても豊富な果物で、100g中に含まれる量は60～100㎎と、果物の中でもトップクラス。5～6粒食べれば、1日に必要なビタミンCを摂ることができます。また高血圧予防に役立ち、塩分の排出を促す効果もあるカリウムや、水溶性の食物繊維ペクチン、むし歯の予防効果が期待されるキシリトール、クエン酸やリンゴ酸、抗酸化物質として知られるアントシアニンなども含んでいます。

ハウス栽培で冬に出回ることが多いイチゴですが、家庭菜園では春の栽培が適しています。形の整った果実をつくるためには、全てのめしべが受粉するように手助けするのがコツです。保存する時は乾燥防止のためラップで包むか、ポリ袋に入れて冷蔵庫の野菜室へ入れましょう。

イチゴの半量のグラニュー糖とレモンを加えて煮ればジャムも作れますので、いろんな楽しみ方ができますよ。

イチゴのパフェ

切ってのせるだけの簡単レシピなのにとても華やか。見た目、味、香りの三拍子そろったイチゴならでは。

材料をそろえておけば10分で完成!お子さんの誕生パーティーにもピッタリです。

材料（2人分）

- バニラアイス…1カップ
- イチゴ…8個
- コーンフレーク…大さじ4
- チョコシロップ…適量
- ミントの葉…2枚

作り方

❶ イチゴはやさしく洗ってからヘタを切り落とし、縦半分に切る。
❷ コーンフレークとバニラアイスを透明な器に入れ、❶で周囲を飾る。
❸ チョコシロップを垂らし、最後にミントの葉を飾る。

採れたてをそのまま食べてもよし、パフェやケーキにのせてもよし。
新鮮なイチゴをご家庭で育てましょう。

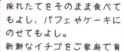

水菜

■水菜栽培カレンダー

種まき 10月〜3月

10月	11月	12月	1月	2月	3月	4月	5月	6月	7月	8月	9月

収穫 11月半ば〜5月半ば(種まき後50日)

シャキッと栄養満点

鍋物からサラダまで、なんでもござれ。冬においしい野菜です。

ピリッとした辛みにある秘密とは？

アブラナ科の野菜に共通する辛みは「イソチオシアネート」という成分で、植物が虫から身を守る役割を果たしています。この成分にがんの予防効果があるのではと考えられており、現在研究が進められています。

水菜はキャベツやダイコンと同じアブラナ科の野菜。京の伝統野菜・京菜も水菜のことです。最近では柔らかい小株種の水菜が出回り、鍋物以外に洋食やサラダにも多く利用されるようになりました。

茎だと思われている白い部分は「葉柄部」といい、葉の部分は「葉身」と呼びますが、水耕栽培で育てた水菜は小株で葉柄部が白くなり、土で育てた

準備するもの

❶

❷ ❸ ❹

❺ ❻

❶ 水菜の種
❷ 葉もの野菜用の配合土
❸ 液体肥料(N8･P8･K8)
❹ 鉢底石
❺ 虫よけ用ネット
❻ プランター

1 種まき

プランターの土に5~7cm間隔で深さ1~2cmほどのまき溝を作り、薄く種をまく。軽く土をかけたあと水やりし、濡らした新聞紙をかけておく。

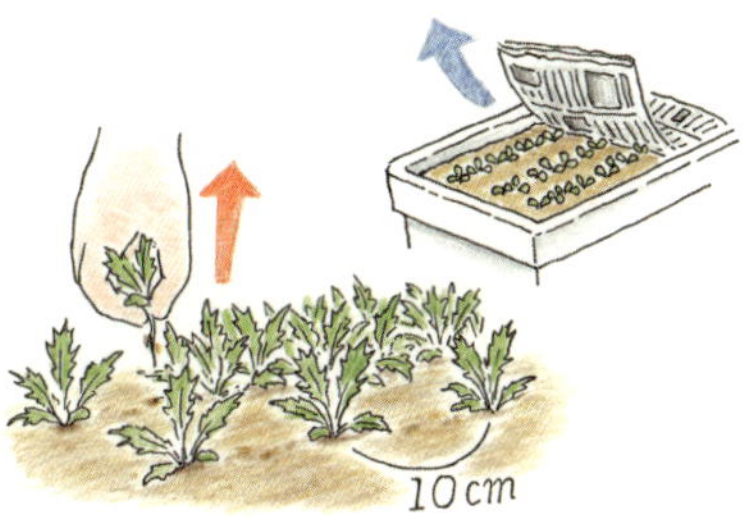

2 間引き

発芽したら新聞紙を外し、葉が4~5枚の頃、株間が10cmほどになるように間引きする。大株にしたいときは株間25cmほどにする。

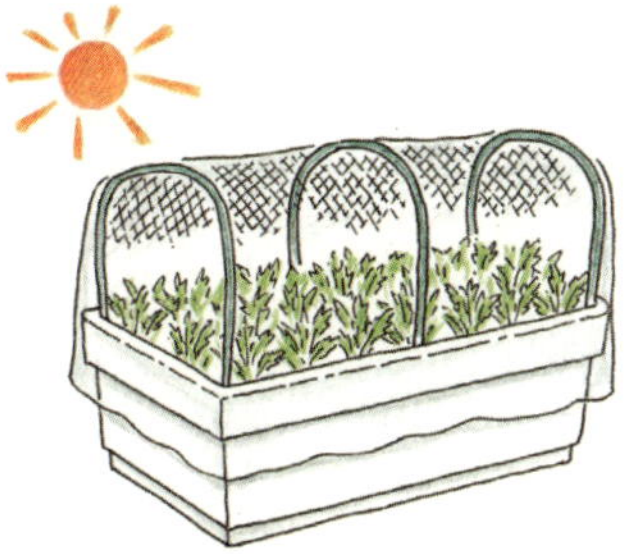

3 追肥・防除

アブラムシが付かないようにプランター全体に虫よけ用ネットをかけ、日当たりの良い場所で、乾燥しないよう水やりをしながら育てる。生育が悪い時は2週間に1度、500倍に薄めた液肥を施す。

4 収穫

種まきから50日ほど経ち、草丈が30cmほどに育ったら収穫する。

ものは緑の色が濃く、味も濃くなるという違いがあります。

水菜にはコラーゲン生成や鉄分の吸収に必要なビタミンCが多く含まれ、豊富な葉緑素やカロテンとともに、細胞や血液の酸化予防に役立ちます。

京都では「京菜が出回ると冬も本番」といわれるように、寒い時期が栽培に適し、おいしくなります。栽培中はアブラムシなどの害を防ぐため、目の細かい虫よけ用ネットをかぶせて育てましょう。

また、水菜は「水入り菜」という別名があるほど、水の管理が重要です。水はけのよい土で、乾燥しないようたっぷりと水を与えましょう。収穫後は湿らせた新聞紙に包んでポリ袋に入れ、野菜室に立てて保存すると長持ちします。

食べる際は、ビタミンCの損失を抑えるためにも加熱時間はなるべく短めにし、シャキシャキとした歯ごたえを楽しんでください。

水菜のトマト鍋

肌寒くなると恋しくなる、
ほかほかピリ辛のお鍋。
具沢山で栄養も満点です。

少々加熱しても鮮やかな色やシャキシャキの歯ごたえが残る水菜は、お鍋に欠かせない食材です。

材料 4人分（加熱順に）

- バター…10g
- 刻みニンニク…2片分
- シーフードミックス…300g

① キムチ…200g
② 白菜…1/4株
③ シメジ…1/2パック
④ エリンギ…1/2パック
⑤ 豚ばら肉…300g
⑥ 豆腐…1パック（約500g）
⑦ ピザ用チーズ…適量（約100g）
⑧ 水菜…300g（約2束）

A
- トマト水煮缶…1＋1/2缶（600g）
- 固形コンソメ…2個
- 水…2カップ
- しょうゆ…大さじ1
- 砂糖…大さじ1

作り方

❶ ②⑥⑧は食べやすい大きさに切る。③は手でほぐし、④は縦半分に切ったあと手で1/4に裂いておく。
❷ 鍋にバターと刻みニンニクを入れて中火にかける。
❸ 香りが立ったらシーフードミックスを炒め、Aを加える。
❹ ひと煮立ちしたら①～⑤の具材を入れ、約10分煮込む。
❺ 仕上げに⑥～⑧を加える。

寒い時期に育つ水菜は鍋物に
欠かせない冬の野菜。
ビタミンCもたっぷりで
この季節には重宝しますよ。

シマナー

■シマナー栽培カレンダー

種まき（夏場を除き通年）

1月　2月　3月　4月　5月　6月　7月　8月　9月　10月　11月　12月

収穫（種まきから30日前後）

体に優しい島野菜

害虫の少ない冬がチャンス。
育てやすいシマナーで
健康増進の第一歩を！

寒い冬だからこそシマナーで健康に！

風邪には気を付けたいこの季節。シマナーには風邪の予防や美肌、アンチエイジングに役立つビタミンAがたっぷり含まれ、健康増進に最適です。カルシウムも牛乳より豊富なので、ぜひ毎日の食卓に！

チキナー（塩漬け）やチャンプルーなどでお馴染みのカラシナ（芥子菜）ことシマナー（島菜）は中央アジア原産。地中海沿岸から伝わる間に交雑したものが日本に伝わり、沖縄には中国経由で伝来したといわれています。カラシナと呼ばれるのは、種がカラシの原料になるからです。

ピリッとした刺激的な辛みはダイコンやワサビと同様、イソチオシアネー

準備するもの

❶

❷

❸

❹

❺ ❻

❶ シマナーの種
❷ 葉もの野菜用の配合土
❸ 液体肥料（N8・P8・K8）
❹ 鉢底石
❺ 虫よけ用ネット
❻ プランター

種まき 1

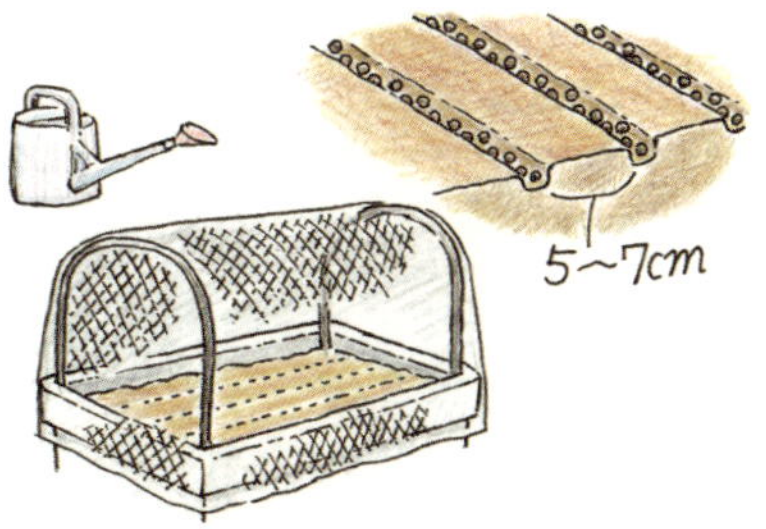

プランターの土に5~7cm間隔で深さ1~2cmほどのまき溝を作り、薄く種をまく。軽く土をかけたあと水やりし、虫よけ用ネットをかけておく。

2 間引き

双葉が出そろった頃、葉が込みあったところや生育の悪い葉を抜く。本葉が5~6枚の頃、株間が15cmほどになるように間引く。

追肥・防除 3

日当たりの良い場所で、水やりをしながら育てる。葉が黄色くなったら肥切れのサインなので、500倍に薄めた液肥を施す。

4 収穫

2週間ほどたち、草丈が15cmほどに育ったら収穫する。

トというアブラナ科特有のファイトケミカル（植物が持っている化学物質）です。これは病害虫から身を守るための防御成分ですが、栽培中でも生育が進むにつれて増え、寒風にさらされるとさらに強くなります。しかし、塩でもんだり加熱したりすると辛みは和らぎます。

シマナーは風邪の予防に効果的なビタミンAがとても豊富。それだけでなく、成長を促進し、皮膚や髪、爪などの細胞の再生や、口角炎、口内炎、舌炎などの予防に役立つ「発育のビタミン」ことビタミンB2も豊富に含んでいます。

種まきから20~30日ほどの短期間で簡単に育てられ、土質も選ばないのがシマナーの魅力。冬場は害虫が少なく育てやすいのですが、日中はモンシロチョウ、夜はコナガがシマナーに産卵する習性がありますので、防虫ネットで防ぎましょう。間引いた葉もベビーリーフとしてサラダに使えます。

シマナーとしらすの生ふりかけ

忙しい時はつい自分の食事がおろそかになりがち。栄養満点のシマナーで常備菜を作っておきましょう。

みりんの甘味、しらす干しの塩味、シマナーの辛味。白飯のおともにピッタリです。

材料 4人分

- シマナー…150g
- 塩…2～3g
- ごま油…大さじ1/2
- しらす干し…30g
- 白ごま…大さじ1

A
- しょうゆ…小さじ1
- みりん…大さじ3

*濃い味にしたい場合は分量を1.5倍にする。

作り方

1. シマナーは塩でもみ、水で洗う。
2. 1の水分をしぼってみじん切りにする。
3. フライパンにごま油を引き、2を炒める。
4. しらす干しとAを加え、水分が飛んだら白ごまをふりかけ、火を止める。

沖縄料理の定番お野菜カラシナことシマナーは、虫の少ないこの季節こそ育ててみたい野菜です。
料理の種類も多いので毎日の食卓にどうぞ。

ハンダマ

■ハンダマ 栽培カレンダー

植え付け（11月～4月）

1月	2月	3月	4月	5月	6月	7月	8月	9月	10月	11月	12月

収穫（夏場の高温期を除き周年可能）

なんと！驚きの生命力

ハンダマはとてもタフで、
茎を水に浸けておくだけで
新しい根と葉が生えてきます。
この生命力は見習いたい？

意外？ 実はキクの仲間なんです

ハンダマはキク科の植物で、レタスやゴボウ、ニガナと同じ仲間。ハンダマの花を見る機会は少ないかもしれませんが、ベニバナに似た小さな菊のような花を咲かせます。

紫色の野菜といえば、すぐに思い浮かぶのが沖縄の伝統的作物のひとつ「ハンダマ」。葉の裏が紫色のものが一般的ですが、両面とも緑色のものもあります。原産地は東南アジアで、江戸時代に中国を経由して日本に入ってきました。石川県の金沢では「金時草（きんじそう）」、九州地方では「水前寺菜」、愛知県では「式部草」という名でも呼ばれています。

準備するもの

❶ハンダマの茎（2本）
❷プランター（60㎝標準サイズ）
❸野菜用の配合土
❹鉢底石
❺液体肥料（N8・P8・K8）
❻育苗用ポリポット（2つ）

1 育苗

新芽の出た茎を2本、先端から5～6節の長さで切り、新芽以外の葉を取って水に浸ける。水を取り替えながら7～10日ほど浸け、切り口から根が出たら育苗ポリポットに移し、2～3週間育てる。

2 植え付け

芽の部分を切り（芯止め）、配合土を入れたプランターに株間を15cmほど空けて植え、水をたっぷりやる。

3 水やり・追肥

土の表面が乾いてきたらたっぷりと水をやり、定植後20日ほどたったら化成肥料を株元から少々離してひとつまみ追肥する。以後1カ月に1度施す。

4 収穫

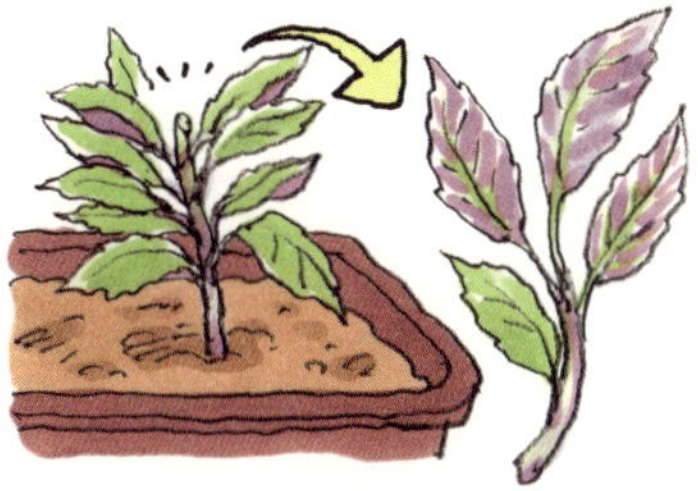

30cm以上になったら、次の発芽にそなえて根元の3～5節を残して収穫する。

株分けや苗で育てるのが一般的ですが、茎を水に浸けておくだけでも簡単に根が生えるため、さし木で育てることもできます。ただし乾燥には弱く、15度以下の低温や35度以上の高温でも生育不良になります。特に夏場は葉が硬くなり、紫の色も出にくくなるため、育てる際には光をさえぎって水を切らさないようにしましょう。

ハンダマには鉄分やカロテン、ビタミンC、カルシウム、カリウムが豊富に含まれています。またハンダマの紫の色は高い抗酸化力を持つアントシアニンで、酸と合わさると赤く変化します。そのため酢飯にハンダマの汁を混ぜると、きれいなピンク色のご飯になります。次ページにレシピを載せましたので、参考にどうぞ。

アントシアニンは比較的熱に強いので、ゆでたり炒めたりしてもいいですし、美しい色を利用して年末年始のパーティーや晴れの日の料理などに使ってみてはいかがでしょうか？

ピンク、白、ピンク…3層のご飯を水平に詰めます。具材も型の外周を意識して。

野菜のケーキ寿司

聖夜に甘くないケーキはいかが？
ハンダマは今回、裏方として登場。
汁を絞った葉っぱもサラダにして、
余すところなくいただきましょう。

材料
直径15cmのケーキ型用

寿司飯
- ハンダマ（葉のみ）…100g
- 水…1/2カップ
- 寿司飯…２合分
  →炊き立てご飯と寿司酢（大さじ４）を混ぜ合わせておく。

トッピング
- 錦糸卵（細切り）…適量
- ロースハム（半月切り）…６枚
- 塩ゆでインゲン（斜め切り）…１本分
- きゅうり（縦・横スライス）…1/2本分
- ミニトマト…５個

具材
- ニンジン（7mm角）…90g
- 赤パプリカ（7mm角）…60g
- 味付いなり揚げ（1cm角）…４枚分

（いなり揚げの漬け汁＋めんつゆ（大さじ１）で煮ておく。）

作り方

❶ ハンダマを２分ゆで、固く絞って濃い液を作る。
❷ 熱いうちに寿司飯の2/3量に❶を大さじ２杯、切るように混ぜ合わせてピンク色の寿司飯を作る。
❸ ケーキ型に❷の半量→具材→白い寿司飯→具材→❷の残りを彩りよく詰める。
❹ 盛り付ける皿の上で型を抜き、錦糸卵を盛る。
❺ ロースハムは花のように巻き、きゅうりで飾り付ける。

葉裏が紫色をしたハンダマは沖縄料理では定番の葉野菜。ベランダ菜園のレギュラーに加えて日々のお料理に活用しませんか？

あとがき

私は種苗店を営む家に生まれ、店頭にあふれる野菜や花の種、季節の苗に囲まれ育ちました。おまけに隣家や目の前は八百屋やスーパーという環境。立派な野菜を見るたびに、あの種がこんな姿に育つのだととても感心したものです。

会社員になった22歳の時、私は初めてプランターでキュウリを育てました。日に日に育ち花をつけて実がなったときの喜びはたとえようもなく、もぎたての野菜をそのまま口に入れた瞬間の感動は今でも忘れることができません。それから私は野菜が好きになりました。

時には枯れそうになったり、うまく育たなかったりもしますが、回復して実をつけたときの喜びは経験した者でしか味わえない幸せです。上手くいくと、このおいしさを誰かに伝えたい

そこからプランター栽培が私の楽しみでもあり安らぎにもなりました。

会社員を経て沖縄の農家に嫁いでからは広い畑があるため遠のいていましたが「やさしいやさい」の連載が始まるのと同時に、またハーブや島やさいなどを育てるようになりました。きっかけを下さった琉球新報社、新星出版、そして長いこと愛読して頂き出版につなげて下さった読者の皆様には心から感謝しています。

私には豪華なものも自慢できるものもありませんが、目の前で育つ野菜たちが毎日やさしい気持ちにさせてくれ、幸せを運んでくれていました。

自分で育てた安心な野菜は、見ても食べても嬉しいものです。皆様のスタイルに合った素敵な野菜生活に、本書を活用して頂けたらこんなに嬉しいことはありません。

野菜ソムリエ上級プロ

徳元佳代子

●掲載目録

野菜名	通巻	発行年	月	頁
ゴーヤー	129号	2011年	5-6月号	25
カンダバー	130号	2011年	7-8月号	29
ラディッシュ	131号	2011年	9-10月号	61
じゃがいも	132号	2011年	11-12月号	65
サンチュ	133号	2012年	1-2月号	109
ミニトマト	134号	2012年	3-4月号	5
ナス	135号	2012年	5-6月号	9
カイワレダイコン	136号	2012年	7-8月号	33
タマネギ	137号	2012年	9-10月号	69
ミニキャロット	138号	2012年	11-12月号	73
ルッコラ	139号	2013年	1-2月号	113
二十日ネギ	140号	2013年	3-4月号	13
丸オクラ	141号	2013年	5-6月号	17
バジル	142号	2013年	7-8月号	37
ニンニク	143号	2013年	9-10月号	77
小カブ	144号	2013年	11-12月号	81
春菊	145号	2014年	1-2月号	85
枝豆	146号	2014年	3-4月号	117
青じそ	147号	2014年	5-6月号	41
ウンチェー	148号	2014年	7-8月号	45
島ラッキョウ	149号	2014年	9-10月号	89
ホウレンソウ	150号	2014年	11-12月号	93
リーフレタス	151号	2015年	1-2月号	121
イチゴ	152号	2015年	3-4月号	125
スイスチャード	153号	2015年	5-6月号	49
モロヘイヤ	154号	2015年	7-8月号	53
豆苗	155号	2015年	9-10月号	97
水菜	156号	2015年	11-12月号	129
シマナー	157号	2016年	1-2月号	133
サラダ菜	158号	2016年	3-4月号	101
島トウガラシ	159号	2016年	5-6月号	21
ニガナ	160号	2016年	7-8月号	57
パセリ	161号	2016年	9-10月号	105
ハンダマ	162号	2016年	11-12月号	137

とくもと・かよこ
野菜ソムリエ上級プロ(2011年認定)。

ブロッコリー、カリフラワーなどアブラナ科野菜の生産者。ベジフルマンマ代表。

得意分野:予防医学・アンチエイジング理論に基づいた講演。海外での販促、料理教室、野菜塾。収穫体験や食育。野菜果物の紹介や解説。食べ方の提案など。

資格:ジュニア青果物ブランディングマイスター。メンタルフードマイスター2級。アスリートフードマイスター2級。「命の食」チューター。フードツーリズムマイスターベーシック。六次産業化プランナー。沖縄食材スペシャリスト、予防医学・アンチエイジング医学研究会認定ガン統合医療アドバイザー、アンチエイジング・セルフケアアドバイザー。

沖縄・九州エリア初の野菜ソムリエ上級プロ。第2回野菜ソムリエアワード・日本一の金賞受賞(2013年)。野菜ソムリエ・野菜ソムリエプロ(中級)・アスリートフードマイスター3級・2級、ベジフルビューティーアドバイザーベーシックの資格がとれる日本野菜ソムリエ協会認定・地域校主宰。

監　　修・徳元佳代子
撮　　影・屋比久光史
イラスト・漢那瑠美子　　時川真一

●やさい協力
ＪＡしみず駒越営農経済事務所
ヤマト運輸清水三保センター
伊都菜彩（ＪＡ糸島産直市場）
ぐしちゃんいい菜生産組合

●商品協力
㈱メイクマン
サンエー那覇メインプレイス青果部
ホームセンターサンキュー真嘉比店
㈱アタリヤ農園
㈱農協直販
ファーマーズマーケットいとまん うまんちゅ広場

徳元佳代子の

やさしい やさい

おきなわプランター栽培

2017年6月1日　初版第1刷発行

著　者　徳元佳代子

発行者　富田　詢一

発行所　琉球新報社
〒900－0005
沖縄県那覇市天久905番地

問合せ　琉球新報社読者事業局出版部
TEL（098）865－5100

発　売　琉球プロジェクト

印刷所　新星出版株式会社

ISBN978-4-89742-213-8　C0061